破译孙子兵法

孙颢 ◎ 编著

中国华侨出版社
·北京·

图书在版编目（CIP）数据

破译《孙子兵法》/ 孙颢编著 .—北京：中国华侨出版社，2010.4（2024.11 重印）
ISBN 978-7-5113-0319-6

Ⅰ.①破… Ⅱ.①孙… Ⅲ.①兵法—中国—春秋时代 ②孙子兵法—研究 Ⅳ.① E892.25

中国版本图书馆 CIP 数据核字（2010）第 044742 号

破译《孙子兵法》

编　　著：	孙　颢
责任编辑：	刘晓燕
封面设计：	胡椒书衣
经　　销：	新华书店
开　　本：	710 mm×1000 mm　1/16 开　　印张：12　　字数：125 千字
印　　刷：	三河市富华印刷包装有限公司
版　　次：	2010 年 5 月第 1 版
印　　次：	2024 年 11 月第 3 次印刷
书　　号：	ISBN 978-7-5113-0319-6
定　　价：	49.80 元

中国华侨出版社　北京市朝阳区西坝河东里 77 号楼底商 5 号　邮编：100028
发 行 部：（010）64443051　　　传　　真：（010）64439708

如果发现印装质量问题，影响阅读，请与印刷厂联系调换。

前　言

春秋战国，诸侯纷争，烽烟四起。这样就直接面临一个重要问题：如何作战？自有军计出现，当首推《孙子兵法》。

《孙子兵法》主要是以计贯穿全书，以策谋划全书，以胜统领全书。故被人称为万年不变之"兵家圣经"。其大智慧、大计策主要表现在：

莽汉与军师之别在于，前者勇，后者智。有勇无智，必然失败；有智无勇，可以策划成功。实际上，天下最厉害的人不是莽汉，而是军师，因为军师可以遥控莽汉，去达到自己的目的。此为《孙子兵法》"始计篇"之精髓。

抓住时机，就能获得先手。先手意味着什么？意味着比别人先伸出手脚，先占得有利局面。在那些图谋大局的成功者眼中，从不放过任何一次时机，总能把时机变成成功的条件，因为他们都擅长"攥"功。此为《孙子兵法》"兵势篇"之精髓。

虚实交错，最容易让人眼花头晕，为此这一"兵法"，常被人利用。"虚"可不露声色，不露家底，不露实力，让人掉以轻心；"实"可显锋芒，显功夫，显力量，让人吓破了胆。如果以虚掩实，往往能置人于最绝望的心理折磨之中。此为《孙子兵法》"虚实篇"之精髓。

　　一个"变"字，概括了《孙子兵法》的主要绝招。显而易见，不变则亡，变则活。真正的成功者是：变死路为活路，变绝境为希望。人世间有许多事，离不开这一个"变"字，一变则通，三变则活，九变则大成。此为《孙子兵法》"九变篇"之精髓。

　　针对不同的对手，要使用不同的招法去应对，不能千篇一律。有些时候，在此人身上为猛招，在他人身上则为软招；反之，在此人身上为软招，在他人身上就变成了猛招。这就要做到：因人而异，因时而别，因地制宜。此为《孙子兵法》"火攻篇"之精髓。

　　上述，是孙子智慧的源泉，反映出了博大精深的军事思想，广为后人推崇。千百年来，聪明的中国人总是把《孙子兵法》作为案头的必备书，反复读出和悟出了许多与自己为人处世切实相关的大智慧、大计策，把各种兵法变成了实用之法，让自己与智者靠近。从另外一个方面讲，《孙子兵法》的实用性被推广到其他许多方面，诸如领导学、管理学、处世学、经商学等等，深得日本"经营之神"松下幸之助的推崇，这说明《孙子兵法》的智慧是挖掘不尽的。今天，我们应当细读它，从中挖掘出智慧的宝藏，以便更好地运用到实战中。

　　本书以《孙子兵法》十三篇为单元，全面分析现代意义上的《孙子兵法》到底有哪些实用性的内容，广涉领导之艺、处世之道和经商之技。每单元下设"本篇导引"、"智慧之源"、"经典诠释"和"现代释用"等四个方面的内容，有点有面，可读性强，适用性强。一册在手，会使你有取之不尽、用之不竭的大智慧和大计策。

目 录

第一篇 始计篇
——莽汉斗不过军师

不算不胜　善算必胜 / 005

以大计制小计 / 007

用连环计制敌 / 010

"弱"者无敌 / 013

第二篇 作战篇
——行动是制胜的关键

李嗣源马不停蹄　朱友贞丧身亡国 / 020

司马懿神速进兵　孟达城破身亡 / 021

巧用时差　詹妮芙得偿心愿 / 023

出手迅捷　"健力宝"冲出国门 / 024

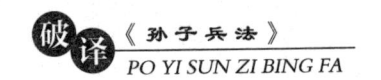

第三篇 谋攻篇
——用活每一颗"棋子"

料敌如神　百战无不利 / 032

大智大勇　郭子仪巧联回纥 / 033

巧妙激将　约翰逊处世有道 / 035

大显身手　摩根声名鹊起 / 037

第四篇 军形篇
——不打无把握之仗

胜于易胜　陈泰巧用兵 / 045

投其所好　处世有法 / 048

别出心裁　烟台啤酒厂大获全胜 / 049

严把质量关　张果喜声名远播 / 050

第五篇 兵势篇
——把时机攥在手中

培养人才　劲旅椰风挡不住 / 059

巧用人才 "美洲虎"雄威勃发 / 063

匪夷所思 曹沫用智 / 066

买一送一 托罗纳多"出嫁" / 067

第六篇 虚实篇
——真假错乱晃人眼

利而诱之 商战无敌 / 075

"形人"策略 商战必需 / 076

以退为进 灵活行商 / 077

以实击虚 小布贩出尽风头 / 079

第七篇 军争篇
——绝不能失去主动权

以退为进 晋文公称霸 / 086

明退暗进 哈勒尔巧胜实业 / 088

处逆不乱 鲁冠球走出困谷 / 090

避锐击惰 卡芬女士大获成功 / 092

第八篇 九变篇
——灵活应变，出手威猛

麻痹大意　一代名将走麦城 / 099

按兵不动　陆逊巧妙撤军 / 100

施以"小利"　乔·吉拉德巧推销 / 102

疯狂减价　哈罗斯发展惊人 / 103

第九篇 行军篇
——善于选择最佳路线

依法治罪　明成祖一统天下 / 111

赏罚不明　李从珂含恨自焚 / 113

相互信任　盖蒂事业蒸蒸日上 / 114

第十篇 地形篇
——因不同情况定方案

独立不羁　纳尔逊就势而战 / 122

奇人奇招　奇老板选择奇经理 / 126

创造环境　马克·吐温猎取机会 / 127

英明预见　安德森开发石油 / 129

第十一篇　九地篇
——擒住最要害的问题

乘虚而入　李自成轻取洛阳 / 141

创造机会　谢安淝水退敌 / 142

破釜沉舟　楚军大败章邯 / 144

另辟蹊径　莱恩设计企鹅图书 / 145

第十二篇　火攻篇
——施展出各种猛招

巧借东风　瑞典公司渡难关 / 151

小名片大效用 / 152

没有翅膀　"飞鸽"也能飞出国门 / 154

巧打广告　胡文虎名扬东南亚 / 155

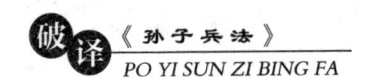

第十三篇 用间篇
——反戈一击惊人心

以假乱真　王允激吕布　/ 165

范雎施间　秦军巧取长平　/ 175

巧妙造隙　陈平计除范增　/ 177

苦心设计　丹尼尔巧售奥丽　/ 179

第一篇
始计篇
——莽汉斗不过军师

> 莽汉与军师之别在于，前者勇，后者智。有勇无智，必然失败；有智无勇，可以策划成功。实际上，天下最厉害的人不是莽汉，而是军师，因为军师可以遥控莽汉，去达到自己的目的。此为《孙子兵法》"始计篇"之精髓。

本篇导引

本篇是《孙子兵法》十三篇的开篇,号称孙子兵法的战略论,是全书的总则。孙子的战争观、谋略观及战术思想在本篇中都有十分精彩的阐述。仅仅有一个宏伟的战略目标是远远不够的,决定成败的不仅是目标,还有措施。而一个适合的、切实有效的措施,必须得通过调研、分析才得行动。一个成功的人,首先必然是一位智者,善于谋论、善于用计。智慧的力量是无穷的,可以控制他人而使其不自知。"计"是智慧的精髓,正确运用"计",就可以化解困境,无往而不利。所谓"不算不胜,善算必胜",此为《孙子兵法始计篇》之精髓。

本篇主题词:听计用计、攻其无备、因利制权、为兵家取胜诡道

智慧之源

孙子曰:兵者,国之大事,死生之地,存亡之道,不可不察也。

故经之以五事,校之以计而索其情:一曰道,二曰天,三曰地,四曰将,五曰法。道者,令民与上同意也,故可以与之死,可以与之生,而不畏危。天者,阴阳、寒暑、时制也。地者,远近、险易、广狭、死生也。将者,智、信、仁、勇、严也。法者,曲制、官道、主用也。凡此五者,将莫不闻。知之者胜,不知者不胜。故校之以计而索其情,曰:主孰有道?将孰有能?天地孰得?法令孰行?兵众孰强?士卒孰练?赏

罚孰明？吾以此知胜负矣。

将听吾计，用之必胜，留之；将不听吾计，用之必败，去之。

计利以听，乃为之势，以佐其外。势者，因利而制权也。

兵者，诡道也。故能而示之不能，用而示之不用，近而示之远，远而示之近；利而诱之，乱而取之，实而备之，强而避之，怒而挠之，卑而骄之，佚而劳之，亲而离之。攻其无备，出其不意。此兵家之胜，不可先传也。

夫未战而庙算胜者，得算多也；未战而庙算不胜者，得算少也。多算胜，少算不胜，而况于无算乎？吾以此观之，胜负见矣。

经典诠释

孙子说：战争是国家的大事，是军民生死安危的主宰，是国家存亡的关键，是不可以不认真考察研究的。

因此，必须审度敌我五个方面的情况，比较双方的谋划，来取得对战争情势的认识。（这五个方面）一是道，二是天时，三是地利，四是将领，五是法制。所谓道，就是要让民众认同、拥护君主的意愿，使得他们能够做到生为君而生，死为君而死，而不害怕危险。所谓天时，就是指昼夜晴雨、寒冷酷热、四时节候的变化。所谓地利，就是指征战路途的远近、地势的险峻或平坦、作战区域的宽广或狭窄、地形对于攻守的益处或弊端。所谓将领，就是说将帅要足智多谋，赏罚有信，爱抚部属，勇敢坚毅，树立威严。所谓法制，就是指军队组织体制的建设，各级将吏的管理，军需物资的掌管。以上五个方面，作为将帅，都不能不充分了解。充分了解了这些情况，就能打胜仗。不了解这些情况，就不能打胜仗。所以要通过对双方七种情况的比较，来求得对战争情势的认识：哪一方君主政治清明？哪一方将帅更有才能？哪一方拥有天时地利？哪一方法令能够贯彻执行？哪一方武器坚利精良？哪一方士卒训练有素？哪一方赏罚公正严明？我们根据这一切，就可以判断谁胜谁负。

若能听从我的计谋，用兵打仗就一定胜利，我就留下；假如不能听从我的计谋，用兵打仗就必败无疑，我就离去。

筹划有利的方略已被采纳，于是就造成一种态势，辅助对外的军事行动。所谓态势，即是依凭有利于自己的原则，灵活机变，掌握战场的主动权。

用兵打仗是一种诡诈之术。能打，却装作不能打；要打，却装作不想打；明明要向近处进攻，却装作要打远处；即将进攻远处，却装作要攻近处；敌人贪利，就用利引诱他；敌人混乱，就乘机攻取他；敌人力量雄厚，就要注意防备他；敌人兵势强盛，就暂时避其锋芒；敌人易怒暴躁，就要折损他的锐气；敌人卑怯，就设法使之骄横；敌人休整得好，就设法使之疲劳；敌人内部和睦，就设法离间他。要在敌人没有防备处发起进攻，在敌人意料不到时采取行动。所有这些，是军事家指挥艺术的奥妙，是从无事先呆板规定的。

开战之前就预计能够取胜的，是因为筹划周密，胜利条件充分；开战之前就预计不能取胜的，是因为筹划不周，缺乏胜利条件。筹划周密、条件具备就能取胜，筹划不周、条件缺乏就不能取胜，更何况不作筹划、毫无条件呢？我们依据这些来观察，那么胜负的结果也就很明显了。

现代释用

说到"计",人人皆知。对于它的作用,很多人都能信口说几句,但绝大多数人又不能用得明白,皆因不知"计"的奥妙。孙子说:"将听吾计,用之必胜,留之。将不听吾计,用之必败,去之。"可见,孙子头脑中有一套征服人心的妙计。粗略看来,他提供了下面八点计策:一是,因利而制权;二是,用而示之不用;三是,远近相互交错;四是,用利益打动人;五是,在混乱中取胜;六是,避开强大对手;七是,善于激怒对手;八是,能够攻其不备。一句话,这些都是所谓的算计。所谓"多算胜,少算不胜"表明:算计应先于行动,算则胜,不算则败。战争如此,领导、做人、经商,莫不如此。

正确地运用"计",就可以做到化解难题,无往而不利。作为一名领导者,正确地运用"计",就可以有效地管理下属,就可以创造佳绩。

不算不胜　善算必胜

《孙子兵法》中有一句话极其深刻,即"多算胜,少算不胜"。它告诉我们这样一个道理:做任何事之前,必须先在脑中盘算清楚再出手,切忌盲目冲动,不知对手底细就稀里糊涂动手脚。再者,还要注意"多算"与"少算"的关系——越反复思虑,越周密推算,越能赢得胜利;反之,就可能大打折扣,甚至招致惨败。因此,我们必须明白"算"字的重要性,即不算不胜,多算必胜。

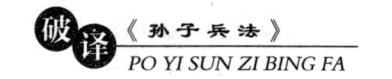

下面我们看一看薛公是如何为刘邦谋算的。

汉高祖刘邦在平息了梁王彭越的叛乱和杀死韩信后不久，曾为汉朝天下的建立作出重大贡献的淮南王英布兴兵反汉。刘邦向文武大臣询问对策，汝阳侯夏侯婴向刘邦推荐了自己的门客薛公。

汉高祖问薛公："英布曾是项羽手下大将，能征惯战，我想亲率大军去平叛，你看胜败会如何？"

薛公答道："陛下必胜无疑。"

汉高祖道："何以见得？"

薛公道："英布兴兵反叛后，料到陛下肯定会去征讨他，当然不会坐以待毙，所以有三种情况可供他选择。"

汉高祖道："先生请讲。"

薛公道："第一种情况，英布东取吴，西取楚，北并齐鲁，将燕赵纳入自己的势力范围，然后固守自己的封地以待陛下。这样，陛下也奈何不了他，这是上策。"

汉高祖急忙问："第二种情况会怎么样？"

"东取吴，西取楚，夺取韩、魏，保住敖仓的粮食，以重兵守卫成皋，断绝入关之路。如果是这样，谁胜谁负，只有天知道。"薛公侃侃而谈，"这是第二种情况，乃为中策。"

汉高祖说："先生既认为朕能获胜，英布自然不会用此二策，那么，下策该是怎样？"

薛公不慌不忙地说："东取吴，西取下蔡，将重兵置于淮南。我料英布必用此策——陛下长驱直入，定能大获全胜。"

汉高祖面现悦色，道："先生如何知道英布必用此下策呢？"

薛公道："英布本是骊山的一个刑徒，虽有万夫不当之勇，但目光短浅，只知道为一时的利害谋划，所以我料到必出此下策！"

汉高祖连连赞道："好！好！英布的为人朕也并非不知，先生的话可谓是一语中的！朕封你为千户侯！"

"谢陛下。"薛公慌忙跪下，谢恩。

汉高祖封薛公为千户侯，又赏赐给薛公许多财物，然后于这一年（公元前196年）的10月亲率12万大军征讨英布。

果然，英布在叛汉之后，首先兴兵击败受封于吴地的荆王刘贾，又打败了楚王刘争，然后把军队布防在淮南一带。

汉高祖戎马一生，南征北战，也深谙用兵之道。双方的军队在蕲西（今安徽宿县境内）相遇后，汉高祖见英布的军队气势很盛，于是采取了坚守不战的策略，待英布的军队疲惫之后，金鼓齐鸣，挥师急进，杀得英布落荒而逃。

英布逃到江南后，被长沙王吴芮的儿子设计杀死，英布的叛乱以失败而告终。

以大计制小计

计有大小之分。善于用计者，总是以大计制小计，从而获得胜局。且看：

蜀后主建兴十二年（公元234年），诸葛亮领兵34万伐魏，分5路进军，六出祁山。魏明帝曹叡闻报，命司马懿为大都督，领兵40万至渭水之滨迎战。诸葛亮与司马懿是沙场老对手，双方都知道对方兵法娴熟，足智多谋，不好对付。所以战前各自都作了周密部署，严阵以待。诸葛亮在祁山选择有利地形，分设左、右、前、后、中5个大营，并从斜谷到剑阁一线接连扎下14个大营，分屯军马，前后接应，以防不测。司马懿则屯大军于渭水之北，同时在水上架起9座浮桥，命先锋夏侯霸、夏侯威领兵5万渡河至渭水南岸扎营，又在大营后方的东原，筑城驻军，进可攻，退可守，稳扎稳打，务使魏军立于不败之地。司马懿受命离开魏都时，曾受曹叡手诏："卿到渭滨，宜坚壁固守，勿与交战。蜀兵不得志，必诈退诱敌，卿慎勿追。待彼粮尽，必将自走，然后乘虚攻之，则取胜不难，亦免军马疲劳之苦。"所以在经过两次规模不大的交锋、双方互有胜负之后，魏军便深沟高垒，坚守不出。由于蜀军劳师远来，粮草供应颇为困难，因而利于速战；而魏军以逸待劳，利于坚守。因而诸葛亮的主要策略目标，就是要诱敌出战，调虎离山，速战速决。然而司马懿老谋深算，素以沉着、谨慎、稳重著称，加上有魏明帝临行手诏，也不必担心那些急于求功的部将鼓噪攻讦。在这种情况下，要调动司马懿这只"老虎"离山，谈何容易！然而再狡猾的狐狸，也斗不过好猎手。司马懿这只擅长谋略，经验丰富的"深山之虎"，终究被诸葛亮调出来了，还险些丢了性命。那么，诸葛亮究竟使了什么样的奇招，使司马懿这只老狐狸也难免上当呢？

诸葛亮深知，己方最根本的弱点是远离后方，粮草供应困难；他同时也深知司马懿正是看准了自己这一弱点，并利用这点作文章，期待并设法使蜀军断粮，从而将蜀军困死或逼蜀军撤退，然后乘机取胜。于是诸葛亮便将计就计，也在粮草供给问题上作文章、设诱饵，以此引司马懿这只"虎"离山。措施之一是分兵屯田，与当地老百姓结合就地生产粮食，以供军需，摆出一副作持久战的架势。这就等于宣示司马懿：你不急，我也不急；若是我不急，看你还急不急。果然司马懿的长子司马师沉不住气了，对其父司马懿说："现在蜀兵以屯田作持久战的打算，如此下去，如何是了？何不约孔明大战一场，以决雌雄！"司马懿口头上虽说，"我奉旨坚守，不可轻动"，心里其实也很着急。诸葛亮的另一个措施，是自绘图样，令工匠造木牛流马，长途运粮，据传这东西很好使，"宛如活者一般，上山下岭，各尽其便"，蜀营粮草由木牛流马源源不断从剑阁运抵祁山大寨。司马懿闻报大惊道："吾所以坚守不出者，为彼粮草不能接济，欲待其自毙耳。今用此法，必为久远之计，不思退矣。如之奈何？"诸葛亮看出了司马懿急于破坏蜀军屯田、运粮、屯粮计划的心情，于是进一步利用这一点引他上钩。办法是：一方面在大营外造木栅，营内掘深坑，堆干柴，而在营外周围的山上虚搭窝铺草营造成蜀兵分散结营，与百姓共同屯田屯粮，而大营空虚的假象，引诱魏军前来劫营；另一方面在上方谷内两边的山坡上虚置许多屯粮草屋，内设伏兵，同时让军士驱动木牛流马，伪装往来谷口运粮。而诸葛亮自己则离开大营，引一支军马在上方谷附近安营，以引诱司马懿亲领精兵来上方谷烧粮。而司马懿呢？他虽烧粮心切，却又极为谨慎小心，深恐中了诸葛亮调虎离山的诡计，于是便也使了个声东击西、调虎离山计来应战。他亲领魏兵去劫蜀兵祁山大营，但却一反过去每战必让主攻部队走在前面的惯例，让手下的部将冲锋在前，直扑蜀营，自己反而在后引援军接应。他这样做，一则是担心蜀营有准备，怕中了埋伏；二是他指挥魏军劫蜀军大营本属佯攻，目的是调动蜀军各营主力，甚至诸葛亮本人领军前来营救，而他却自领精兵奇袭上方谷，烧掉蜀方的粮草。然而，司马懿的这个调虎离山计，却未能跳出"如来佛的手掌心"。诸葛亮早料到司马懿这一招。因而当魏军直扑蜀军大营时，诸葛亮只是事先安排蜀军四处奔走呐喊，虚张声势，装作各路兵马都齐来援救的态势，而诸葛亮却趁司马懿这只"虎"已离山之机，另派一支精兵去夺了渭水南岸的魏营，自己却在上方谷等待司马懿来"烧粮"，以便"瓮中捉鳖"。司马懿果然中计。他见四处蜀军都急急忙忙奔回大营救援，便趁机率领司马师、司马昭及一支亲兵杀奔上方谷来。接着又被蜀将魏延依诸葛亮的安排，用诈败的方法诱进谷中，截断谷口。一时山谷两旁火箭齐发，地雷突起，草房内干柴全都着火，烈焰冲天。司马氏父子眼看就将葬身火海。亏得突来一场倾盆大雨，才救了司马氏父子3人及少数亲兵的性命。司马懿这只"虎"原本拿定了深沟高垒、坚守不出，决不离山的主意，结果却仍被诸葛亮调下了山；他原想用"调虎离山"计烧掉蜀军的粮草，想不到却反而中了诸葛亮的"调虎离山"计。真是计外有计，天外有天，军机难测。

用连环计制敌

最高妙的计策是：一计与一计形成连环作用，从而产生"一揽子"的功效。

公元前484年，齐国的右相陈恒企图操纵国政，但又害怕朝中大臣国书、高无平从中作梗，便向齐简公建议，派国书等几位大臣领兵攻打鲁国，说是鲁国曾与吴国一道攻打过齐国，应该报仇解恨。齐简公采取了陈恒的建议，派国书为大将，带着高无平等大臣率领兵车千乘来到汶水之滨扎营。

孔子听到这个消息，大吃一惊，与他的几个学生商量说："鲁国是我们的父母之邦，现在有难，不可以坐视不救，有谁能制止齐军攻打鲁国呢？"听了孔子的话，子贡自告奋勇地说他有办法解救鲁国面临的危难。

子贡先到齐国见到右相陈恒，他对陈恒说道：鲁国的城墙低而薄，护城河狭而浅，国君懦弱，大臣无能，军队不善于打仗，是个难于征伐的国家；而吴国城墙高而厚，护城河宽而深，兵多将广，是个比较容易征伐的国家啊！陈恒听了这话，很生气，认为子贡在戏弄他。子贡便让陈恒屏退左右，悄悄地对陈恒说："据我观察，相国与大臣国书、高无平有些不和。国书与高无平率军进入衰弱的鲁国，一定能取胜。取胜的功劳自然属于国书与高无平，这些人的权势会不断增加，而相国您便将因此面临困境了。因此，假如您能设法使国书、高无平率兵攻打吴国，势必遭到失败，国书与高无平将面临困境，这对于相国您掌大权是很有利的啊！"

陈恒听了子贡的话，很是高兴，但考虑到齐军已开到汶水，忽然又叫他们去打吴国，别人会怀疑他的动机，因而有些犹豫不决。

子贡了解到陈恒的思想顾虑，便又对陈恒说："只要您能叫他们按兵不动，我便立即到吴国去说服吴王来救鲁伐齐，这样，齐国就有理由攻打吴国了。"陈恒同意子贡的主意，竟以听说吴国将出兵攻齐为理由，叫国书暂不攻鲁。

子贡日夜兼程赶到吴国，对吴王夫差说："上次吴国和鲁国联合攻齐，现在齐国人为了报仇，已屯兵汶水之上，准备先攻打鲁国，再攻打吴国。大王您何不先发制人，兴兵伐齐救鲁？以吴国的强大，定能打败齐国，这样也可使鲁国听命于吴国了。"夫差说："上次打败齐军后，齐国表示服侍吴国，一直不来朝贡，我正要向他问罪呢！只是听说越国有侵犯吴国的野心，我准备先打越国，再进兵齐国。"

听了夫差的话，子贡表示自己愿意去说服越王，让越王亲自率军跟随夫差攻齐。夫差高兴地答应了。

子贡来到越国，告诉勾践说：夫差怀疑越国将攻打吴国，吴国就要兴兵伐越了。勾践听了很着急。子贡便教给他一个办法：亲自率领一支军队，跟随吴王攻打齐国，这样可以消除吴国对越国的怀疑，将来如果吴国战败，力量就会削弱，吴军战胜，一定会与强大的晋国争霸，这样，后方必然空虚，越国便可以乘虚而入。勾践十分赞成子贡的主意。过了几天，越王便派文种向吴王献宝剑、精甲等礼物，并表示越王将亲率3000军士随吴伐齐。吴王很高兴。子贡又说服吴王，只要让越军参战就行，而越王勾践则不必亲自出征了。

接着，子贡辞别了吴王，又赶往晋国，对晋王说：人无远虑，必有近忧。吴军正要攻打齐国，如果吴军取胜，吴王一定会和晋国争霸，晋国应有所准备……

等子贡回到鲁国，吴军已打败齐国。不久，吴王又率大军北上伐晋。这时，越王勾践便乘机攻占了吴国都城。

子贡一番攻心游说，布置了一个使齐、吴、越、晋等国互相牵制的连环巧计，使鲁国免遭齐军的攻伐，又免受吴国的挟制，从而挽救了鲁国。

事物都是相互联系的，只要抓住了要害的一点就会引起连锁反应。连环计是一种权术，主要是让敌方互相拖累，互相牵制，或者通过巧妙的方法使敌人不战自败，减弱敌人的力量，或乘机进攻，或乘机撤退。此计的关键是要使敌人"自累"，让他背上包袱，不能自由行动。这样，就给围歼敌人创造了良好的条件。

"弱"者无敌

在事业和竞争中为了取胜，当然不可以弱示人。但在特定情况下故意示弱，却是职场人士必须修习的功夫。

示弱可以减少乃至消除不满或嫉妒。事业上的成功者，生活中的幸运儿，被人嫉妒是客观存在的。在一时还无法消除这种社会心理之前，用适当的示弱方式可以将其消极作用减少到最低限度。

示弱能使处境不如自己的人保持心理平衡，有利于团结周围的人们。

示弱能表现一个人实事求是的作风，客观上给积极进取者以鼓励。

要使示弱产生积极效果，必须善于选择示弱的内容。地位高的人在地位低的人面前，不妨展示自己学历不高，经验有限，知识能力有所不足，有过种种曲折难堪的经历，表明自己实在是个平凡的人。成功者应多在别人面前说自己失败的记录，现实的烦恼，给人以"成功不易"，"成功者并非万事大吉"的感觉。对眼下经济不如自己的人，可以适当诉诉自己的苦衷：诸如健康欠佳，子女学业不妙以及工作中诸多困难，让对方感到"他也有一本难念的经"。某些专业上有一技之长的人，最好宣布自己对其他领域一窍不通，袒露自己在日常生活中如何闹过笑话，受过窘等。至于那些完全因客观条件或偶然机遇侥幸获得名利的人，更应该直言不讳地承认自己是"瞎猫碰到死老鼠"。

示弱可以是个别接触时推心置腹的交谈，幽默的自嘲，也可以是大庭广众下，有意以己之短，衬人之长。

示弱有时还要表现在行动上。自己在事业上已处于有利地位，获得了一定的成功。在小的方面，即使完全有条件和别人竞争，也要尽量回避退让。也就是说，事业之外，平时对小名小利应淡薄疏远些。因为你的成功已经成了某些人嫉妒的目标，不可再为一点微名小利惹火烧身，应当分出一部分名利给那些暂时的弱者。

示弱是强者在感情上体贴暂时在某些方面处于劣势的弱者的一种有效手段，它能使你身边的弱者有所慰藉，心理上得到平衡，减少或抵消你前进路上可能产生的消极因素。事业上的强者都懂得示弱。

第二篇
作战篇
——行动是制胜的关键

行动是制胜的关键，竞争的胜败很大程度上依赖时间，准备需要时间，具体实施需要时间。充分的准备，有效的实施，是制胜的保证。领导、处世、经商都要在常人认为不可能的情况下，进行充分的准备，并高效地实施，加速进程，这样，就能在竞争中获胜。所谓"兵贵神速"。此为《孙子兵法作战篇》之精髓。

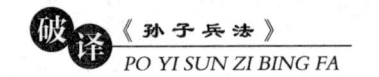

本篇导引

本篇名为"作战",实写战前准备的重要性。

由于战争对人力、物力、财力的依赖,即所谓"驰车千驷,革车千乘,带甲十万,千里馈粮",所以战前必须认真准备。

同时,为了避免"钝兵挫锐,屈力殚货"后"诸侯乘其弊而起",所以"兵闻拙速,未睹巧之久"。速战可减少因长战带来的巨大耗费,也可解决补给困难。

其次,要"因粮于敌",一方面可就地解决给养,另一方面可造成敌方的穷弊,在一定程度上加速战争的进程。

另外,要"胜敌而益强",只要重赏勇士、宽待俘虏,用战利品壮大自己,就可以有效地打击敌人。

本篇主题词:兵闻拙速、因粮于敌、胜敌而益强

智慧之源

孙子曰:凡用兵之法,驰车千驷,革车千乘,带甲十万,千里馈粮,则内外之费,宾客之用,胶漆之材,车甲之奉,日费千金,然后十万之师举矣。

其用战也胜,久则钝兵挫锐,攻城则力屈,久暴师则国用不足。夫钝兵挫锐、屈力殚货,则诸侯乘其弊而起,虽有智者,不能善其后矣。

故兵闻拙速，未睹巧之久也。夫兵久而国利者，未之有也。故不尽知用兵之害者，则不能尽知用兵之利也。

善用兵者，役不再籍，粮不三载；取用于国，因粮于敌，故军食可足也。

国之贫于师者远输，远输则百姓贫。近于师者贵卖，贵卖则百姓财竭，财竭则急于丘役。力屈、财殚，中原内虚于家。百姓之费，十去其七；公家之费，破车罢马，甲胄矢弩，戟盾矛橹，丘牛大车，十去其六。

故智将务食于敌。食敌一钟，当吾二十钟；萁秆一石，当吾二十石。

故杀敌者，怒也；取敌之利者，货也。故车战，得车十乘已上，赏其先得者，而更其旌旗，车杂而乘之，卒善而养之，是谓胜敌而益强。

故兵贵胜，不贵久。

故知兵之将，生民之司命，国家安危之主也。

经典诠释

孙子说：凡兴师打仗的通常规律是，要动用轻型战车千辆，重型战车千辆，军队十万，同时还要越境千里运送军粮。前方后方的经费，款待列国使节的费用，维修器材的消耗，车辆兵甲的开销，每天耗资巨大，然后十万大军才能出动。

用这样大规模的军队作战，就要求速胜。旷日持久就会使军队疲惫，锐气受挫。攻打城池，会使得兵力耗竭；军队长期在外作战，会使国家财力发生困难。如果军队疲惫、锐气挫伤、实力耗尽、国家经济枯竭，那么诸侯列国就会乘此危机发兵进攻，那时候即使有足智多谋的人，也无法挽回危局了。所以，在军事上，只听说过指挥虽拙但求速胜的情况，

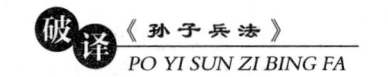

而没有见过为讲究指挥技巧而追求旷日持久的现象。战争久拖不决而对国家有利的情形，从来不曾有过。所以不完全了解用兵弊端的人，也就无法真正理解用兵的益处。

善于用兵打仗的人，兵员不再次征集，粮草不多回运送。武器装备由国内提供，粮食给养在敌国补充，这样，军队的粮草供给就充足了。

国家之所以因用兵而导致贫困，就是由于远道运输。军队远征，远道运输，就会使百姓陷于贫困。临近驻军的地区物价必定飞涨，物价飞涨，就会使得百姓之家资财枯竭，财产枯竭就必然导致加重赋役。力量耗尽，财富枯竭，国内便家家空虚。百姓的财产将会耗去十分之七；国家的财产，也会由于车辆的损坏，马匹的疲敝，盔甲、箭弩、戟盾、大橹的制作和补充以及丘牛大车的征调，而消耗掉十分之六。

所以，明智的将帅总是务求在敌国解决粮草的供给问题。消耗敌国的一钟粮食，等同于从本国运送二十钟。耗费敌国的一石草料，相当于从本国运送二十石。

要使军队英勇杀敌，就应激发士兵同仇敌忾的士气；要想夺取敌人的军需物资，就必须借助于物质奖励。所以，在车战中，凡是缴获战车十辆以上的，就奖赏最先夺得战车的人，并且换上我军的旗帜，混合编入自己的战车行列。对于敌俘，要优待和保证供给。这就是说愈是战胜敌人，自己也就愈是强大。

因此，用兵打仗贵在速战速决，而不宜旷日持久。

懂得用兵之道的将帅，是民众生死的掌握者，是国家安危存亡的主宰。

第二篇　作战篇
——行动是制胜的关键

现代释用

任何战争都是有目的的，或为人，或为财，或为物。同时，任何战争都必须消耗一定的东西，也可以说，任何战争都必须消耗一定的人力、财力、物力。人、财、物是战争的初始，也是战争的终结。为了进行战争，就必须做准备，所谓"三军未动，粮草先行"，就是这个道理。

从事企业生产、商战的目的是实现利润，利润也就是人、财、物的化身。为了实现利润，必须进行人力、财力、物力的筹备，通过一定的经营手段才能实现目的。

战争的胜败很大程度上依赖时间，准备需要时间，具体实施需要时间。充分的准备，有效的实施，是战争胜利的保证。在常人认为不可能的情况下，进行充分的准备，有效的实施，无疑会加速战争的进程，这是制胜的法宝。而超乎常情，就是神速。所以说，"兵贵神速"。

企业生产、商战制胜也贵在神速。及时地掌握信息、分析信息，有效地进行操作，必将为利润的最终取得提供保证。如果不及时把握信息、有效操作必将贻误战机，追悔莫及。

对入世后的中国来说，投资国内产业的国外资本往往有着较成熟的生产技术、管理经验和资深人才，这便给了国内各个行业以机会。作为领导者，认真学习国外先进技术，借鉴对方经验，聘用对方人才，必将有利于企业的发展，这就是《孙子兵法》所说的"因粮于敌"。

另外，在20世纪90年代中后期的彩电、冰箱和电视机大战中，本来颇有实力的一些大企业，由于长期推行低价政策损失了大量利润，最后给企业的经营管理造成了一系列困难，甚至面临重组和破产。因此企业的运营，商业运作必须讲效率。这就是《孙子兵法》所说的"兵贵胜，不贵久"。

决策行动拖延的时间越长，相应的管理费用必然增加，时间成本就越高。同时，由于时间上的延迟，失去先机，将丢掉市场，形成连锁反应，损失惨重。

企业为了在竞争中取胜，必须不遗余力地研究新技术，开发新产品，谁先研发成功，并及时把它投放市场，满足市场需求，谁就会控制市场，争得主动，"货贵及时"，所以，速度是企业命运攸关的重要因素。

李嗣源马不停蹄　朱友贞丧身亡国

五代时期，后唐军在中都（今山东汶上县）大败后梁军，抓获后梁军统帅王彦章，后梁的主力部队只剩下大将段凝所统率的一支生力军。后唐国君李存勖对众将说："段凝现统率大军驻扎在河上，严阵以待我军，诸位有何妙计？"

天平节度使李嗣源道："中都离大梁（梁都城，今河南开封）不远，我们何不避开段凝，直取大梁？兵法云：兵贵神速。只要攻下大梁，擒住梁主朱友贞，不怕段凝不投降！"

李存勖道："言之有理！"立刻命令李嗣源率先头部队连夜出发，马不停蹄，人不卸甲，直扑大梁。

李嗣源行至曹州（山东曹县西北），曹州后梁守军以为后唐军自天而降，大开城门，不战而降。这时，部队已十分疲劳，将领们也纷纷要求稍作休息。李嗣源对众将士说："此去大梁仅有200余里，诸位再咬紧牙坚持一下，等拿下大梁再作休息。"命令部队继续前进。

曹州被后唐占领的消息迅速传到大梁，朱友贞急得团团直转，文武大臣又惊又恐，谁也拿不出好主意来。朱友贞黔驴技穷，只好派将军张汉伦火速出发追赶段凝，让段凝回师急救。不料，张汉伦行至滑州（河南滑县东），被黄河挡住，一时间不能到达段凝的驻地。朱友贞久等不见消息，又派了一名亲信去寻段凝回师救驾，这名亲信离城之后，眼见大梁不保，索性一走了之。这样，朱友贞等候援军的梦想彻底破灭了。

李嗣源率后唐军迅速逼近大梁。朱友贞听说后唐军已到，绝望之中，命令将军皇甫麟把他杀死。皇甫麟挥刀砍杀朱友贞，随后也自杀身亡，大梁城竟不攻自破。

段凝接到张汉伦的告急书后，慌忙回师大梁。未及大梁，兵士来报：都城已被后唐军占领，朱友贞已经自杀身死。段凝有家难归，有国已破，只好投降了后唐。后梁自此灭亡。

司马懿神速进兵　孟达城破身亡

时间，决定胜利，也可以决定生死。

关羽败走麦城，蜀将孟达坐视不救，对关羽之死负有不可推卸的责任。关羽死后，孟达害怕刘备追究罪责，率亲信随从投降了魏国，被魏主曹丕封为建武将军、新城太守。

新城（今湖北房县）西南连蜀，东南连吴，是魏、蜀、吴三国之间的边防重镇。孟达是个反复无常、见利忘义的小人，出任新城太守后，秘密派人与蜀、吴相勾结，妄图实现其野心。

申仪得知孟达勾结蜀、吴的消息，立即报告给了驻兵在宛县的司马懿。

司马懿素知孟达的为人，新城是战略要地，他对孟达更不放心，接到申仪的报告后，下定决心剿灭孟达。与此同时，孟达也探知申仪告发他的消息，打算一不做、二不休，干脆举旗反魏。在这节骨眼上，司马懿派人给他送来一封信，信上说魏帝和他都对孟达深信不疑，申仪之说纯系私怨，请他放下心来。孟达接信后，半喜半忧，对于是否立即反魏又犹豫起来。

司马懿给孟达的信不过是缓兵之计。信使才出发，他立即调兵遣将，亲率一支大军奔赴新城。司马懿的部属劝道："这样大的一件事，不报告魏帝能行吗？"司马懿回答："从宛县到洛阳距离1200里，信使往来最快也要一个月，兵贵神速，如报告魏帝那就什么事情都晚了。"司马懿命令部队日夜兼程，轻装疾进，仅8天时间就兵临新城。

孟达大吃一惊，急忙向蜀、吴求援，但司马懿分兵截住蜀、吴的援军，下令攻城。孟达没有做好防御司马懿的准备，新城之兵又不都是自己一手带起来的，苦苦抵御了半个月，城破身亡。司马懿神速进兵，剪除了叛将孟达，使魏国西南边境得以稳定。

司马懿抓住了时间，争取了主动，大获全胜。与此相反，孟达只有以命相抵。

在市场经济大潮中，一个重视速度，思维敏捷，强调效率的人，在处世方面也能抢占先机，把握时机，获得成功。

巧用时差　詹妮芙得偿心愿

时间，是金钱，是生命，也是尊严，也是荣誉。

詹妮芙·帕克小姐是美国鼎鼎有名的女律师。她曾被自己的同行——老资格的律师马格雷先生愚弄过一次，但是，恰恰是这次愚弄使詹妮芙小姐名扬全美国。

事情是这样的。一位名叫康妮的小姐被美国"全国汽车公司"制造的一辆卡车撞倒，司机踩了刹车，卡车把康妮小姐卷入车下，导致康妮小姐被迫截去了四肢，骨盆也被碾碎。康妮小姐说不清楚是自己在冰上滑倒摔入车下，还是被卡车卷入车下。马格雷先生则巧妙地利用了各种证据，推翻了当时几名目击者的证词，康妮小姐因此败诉。

绝望的康妮小姐向詹妮芙·帕克小姐求援，詹妮芙通过调查掌握了该汽车公司的产品近 5 年来的 15 次车祸——原因完全相同，该汽车的制动系统有问题，急刹车时，车子后部会打转，把受害者卷入车底。詹妮芙对马格雷说："卡车制动装置有问题，你隐瞒了它。我希望汽车公司拿出 200 万美元来给那位姑娘，否则，我们将会提出控告。"老奸巨猾的马格雷回答道："好吧，不过，我明天要去伦敦，一个星期后回来，届时我们研究一下，做出适当安排。"

一个星期后，马格雷却没有露面。詹妮芙感到自己上当了，但又不知道为什么上当，她的目光扫到了日历上——詹妮芙恍然大悟，诉讼时效已经到期了。詹妮芙怒冲冲地给马格雷打了个电话，马格雷在电话中得意扬扬地放声大笑："小姐，诉讼时效今天过期了，谁也不能控告我了！希望你下一次变得聪明些！"

詹妮芙几乎要给气疯了,她问秘书:"准备好这份案卷要多少时间?"

秘书回答:"需要三四个小时。现在是下午一点钟,即使我们用最快的速度草拟好文件,再找到一家律师事务所,由他们草拟出一份新文件,交到法院,那也来不及了。"

"时间!时间!该死的时间!"詹妮芙小姐在屋中团团转,突然,一道灵光在她的脑海中闪现,"'全国汽车公司'在美国各地都有分公司,为什么不把起诉地点往西移呢?隔一个时区就差一个小时啊!"

位于太平洋上的夏威夷在西十区,与纽约时差整整5个小时!对,就在夏威夷起诉!

詹妮芙赢得了至关重要的几个小时,她以雄辩的事实,催人泪下的语言,使陪审团的男、女成员们大为感动。陪审团一致裁决:康妮小姐胜诉,"全国汽车公司"赔偿康妮小姐600万美元损失费!

詹妮芙注重时间,巧妙利用时差来"反愚弄",将计就计,最终胜诉。

出手迅捷　"健力宝"冲出国门

出手迅捷,是企业制胜的法宝之一。

1984年,后来成为健力宝公司总经理的李经纬从表弟那里得到一个信息:广东省体育科学研究所受国家体委委托,试制一种含碱性电解质的保健饮料,已经搞出了配方,但由于有风险,目前还没有一家饮料厂愿意投产。多年的关注和对本行的熟悉,使他认识到这是一次难得的机会。如何消除运动疲劳,一直是国际体育、食品科技工作者研究的课题。这种饮料属于汽水、可乐、乳酸饮料、果汁之后的第五代，最具时代感和市场潜力。而含碱性电解质的饮料，恰恰具有补充体内能量、迅速消除疲劳、恢复体力、调节酸碱平衡的作用，是国内的一项空白。这个产品研制成功，对他的酒厂及中国饮料业与体育事业会有多大贡献呀！

又是一次偶然的机会，李经理得知亚足联代表大会将于4月7日在广州的白天鹅宾馆召开，于是"异想天开"地想请亚足联官员们尝尝还未真正面世的健力宝饮料。但是，当时距会议召开还不到10天。

10天，不要说饮料装罐的问题尚未解决，在当时的中国，各种繁杂的手续就够几个人跑了。李经纬深谙"时间就是金钱"、"时间就是胜利"的道理，他带领几名助手赶到深圳，用有限的外汇从香港买入了一批空易拉罐，又请深圳百事可乐的工人利用下班的空隙将随身带去的健力宝原料迅速装罐，终于抢在亚足联会议开会前把100箱装潢精美的易拉罐健力宝送到了会议桌上。健力宝饮料受到了与会国际友人的好评，也伴随这些国际友人的足迹走出了国门。

仅仅过了3个月，李经纬又用同样方法把3万箱罐装健力宝送入了第23届洛杉矶奥运会的奥林匹克村。

时逢中美女排冠亚军争夺战，一位细心的日本记者发现：每当暂停的时候，中国女排队员喝的不是可口可乐，而是"健力宝"——记者灵机一动，当即向"东京新闻社"发出一条独家新闻："中国靠'魔水'加快出击。"这位记者在文章中凭直觉写道："中国队加快出击的背后有一种'魔水'在起作用。喝上一口这种'魔水，马上就感觉精力充沛。这是一种新型饮料，很可能在运动饮料方面引起一场革命……"

几乎与此同时，在美国俄勒冈州尤金市举行的奥林匹克科学大会上，中国科学家面对50多个国家和地区的科学家，朗声宣读了"吸氧配合口服电解饮料健力宝，消除运动性疲劳"的学术论文。

"健力宝"出手迅捷，终于冲出了国门，为世人所瞩目。

第三篇
谋攻篇
——用活每一颗"棋子"

相互攻守,除了看双方实力之外,还要看谁能用活自己手中的每一颗"棋子"。用之巧妙,"卒"也有"车"的威力。如果一味地使用蛮劲,"车"也无力抗"卒"的围攻。此为《孙子兵法》"谋攻篇"之精髓。

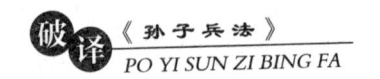

本篇导引

本篇主要讲述了战争的一般原则、用兵的策略、用兵的方法及预知胜利的情况。

战争的一般原则是，全国为上，破国次之；全军为上，破军次之；全旅为上，破旅次之；全卒为上，破卒次之；全伍为上，破伍次之。所以要不战而屈人之兵。

用兵的策略：上兵伐谋，其次伐交，其次伐兵，其下攻城。

用兵的方法：十则围之，五则攻之，倍则分之，敌则能战之，少则能逃之，不若则能避之。

预知胜利的情况有五种：知可以战与不可以战者胜；识众寡之用者胜；上下同欲者胜；以虞待不虞者胜；将能而君不御者胜。

本篇主题词：上兵伐谋、知己知彼

智慧之源

孙子曰：凡用兵之法，全国为上，破国次之；全军为上，破军次之；全旅为上，破旅次之；全卒为上，破卒次之；全伍为上，破伍次之。是故百战百胜，非善之善者也；不战而屈人之兵，善之善者也。

故上兵伐谋，其次伐交，其次伐兵，其下攻城。攻城之法，为不得已。修橹轒，具器械，三月而后成，距，又三月而后已。将不胜其忿而蚁附之，杀士三分之一而城不拔者，此攻之灾也。

故善用兵者，屈人之兵而非战也，拔人之城而非攻也，毁人之国而非久也，必以全争于天下，故兵不顿而利可全，此谋攻之法也。

故用兵之法，十则围之，五则攻之，倍则分之，敌则能战之，少则能逃之，不若则能避之。故小敌之坚，大敌之擒也。

夫将者，国之辅也，辅周则国必强，辅隙则国必弱。

故君之所以患于军者三：不知军之不可以进而谓之进，不知军之不可以退而谓之退，是谓縻军。不知三军之事，而同三军之政者，则军士惑矣。不知三军之权而同三军之任，则军士疑矣。三军既惑且疑，则诸侯之难至矣，是谓乱军引胜。

故知胜有五：知可以战与不可以战者胜；识众寡之用者胜；上下同欲者胜；以虞待不虞者胜；将能而君不御者胜。此五者，知胜之道也。

故曰：知己知彼者，百战不殆；不知彼而知己，一胜一负；不知彼，不知己，每战必殆。

经典诠释

孙子说：一般的战争指导法则是：使敌人举国降服为上策，而击破敌国就略逊一筹；使敌人全军完整地降服为上策，而击溃敌人的军队就略逊一筹；使敌人全旅完整地降服为上策，而打垮敌人的旅就略逊一筹；使敌人全卒完整地降服是上策，而用武力打垮它就次一等；使敌人全伍降服是上策，用武力击溃它就次一等。因此，百战百胜，并不就是高明中最高明的；不经交战而能使敌人屈服，这才算是最高明的。

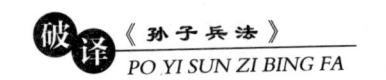

所以，用兵的上策是用谋略战胜敌人，其次是挫败敌人的外交联盟，再次就是直接与敌人交战，击败敌人的军队，下策就是攻打敌人的城池。选择攻城的做法实出于不得已。制造攻城的大盾和四轮大车，准备攻城的器械，费时数个月才能完成；而构筑用于攻城的土山，又要花费几个月才能完工。如果主将难以克制愤怒与焦躁的情绪而强迫驱使士卒像蚂蚁一样去爬梯攻城，结果士卒损失了三分之一而城池却未能攻克，这就是攻城带来的灾难。

所以，善于用兵的人，使敌人屈服而不是靠交战，夺取敌人的城池而不是靠强攻，毁灭敌人的国家而不是靠久战。一定要用全胜的战略争胜于天下，这样既不使自己的军队疲惫受挫，又能取得圆满的、全面的胜利。这就是以谋略胜敌的标准。

因此，用兵的原则是，拥有十倍于敌的兵力就包围敌人，拥有五倍于敌的兵力就进攻敌人，拥有两倍于敌的兵力就设法分散敌人，兵力与敌相等就要努力抗击敌人，兵力少于敌人就要退却，兵力弱于敌人就要避免决战。所以，弱小的军队如果一直坚守硬拼，就势必成为强大敌人的俘虏。

将帅是国君的助手，辅助周密，国家就一定强盛，辅助有缺陷，国家就一定衰弱。

国君危害军事行动的情况有三种：不了解军队不能前进而硬使军队前进，不了解军队不能后退而硬使军队后退，这叫做束缚军队；不了解军队的内部事务，而去干预军队的行政，就会使得将士迷惑；不懂得军事上的权宜机变，而去干涉军队的指挥，就会使得将士产生疑虑。军队既迷惑又心存疑虑，那么诸侯列国乘机进犯的灾难也就随之降临了。这叫作自乱其军，徒失胜机。

所以能把握胜利的情况有五种：知道可以打或不可以打的，能够胜利；了解多兵和少兵的不同用法的，能够胜利；全军上下意愿一致的，能够胜利；自己有准备来对付无准备的敌手的，能够胜利；将帅有才能而国君不加掣肘的，能够胜利。凡此五条，就是把握胜利的方法。

所以说：既了解敌人，又了解自己，百战都不会有任何危险；虽不了解敌人，但是了解自己，那么有时能胜利，有时会失败；既不了解敌人，又不了解自己，那么每次用兵都会有危险。

现代释用

要想取得战争的胜利，最好的方法是进行谋划，也就是"上兵伐谋"。

从事企业生产、商战，也必须谋划。谋划得当，就会进展顺利，就会赢利；谋划不得当，就会进展缓慢，甚至失败，遭受损失。不可能设想，一个企业生产处于无组织状态，产品会质量上乘，声誉良好。所以企业生产、商业运营，都必须进行谋划。

要进行谋划，就必须比较判断，如何组织、协调，才能发挥最大的潜力。比较判断就是"知己知彼"。所以《孙子兵法》说："知可以战与不可以战者胜；识众寡之用者胜；上下同欲者胜；以虞待不虞者胜；将能而君不御者胜。""知己知彼，百战不殆。"

《孙子兵法》说："知己知彼，百战不殆。"这是兵家制胜的法则之一，它可应用于社会生活的各个方面。对于领导者而言，"知己知彼"尤为重要，只有做到"知己"、"知彼"，才有可能算无遗策，才有可能有效地领导下属，利用敌对方的各种弱点，取得最终的胜利。

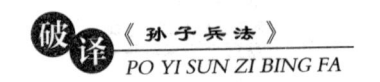

对于领导者而言，谋略是很重要的。《孙子兵法》说："上兵伐谋。"正是这个道理。只有很好地运用谋略，才可以达到取胜的目的。

料敌如神　百战无不利

只要做到"知己知彼"，就会百战无不利。《三国演义》中诸葛亮的锦囊妙计正说明了这个问题。赤壁之战，孙、刘联合抗曹，大破曹军，暂时解除了北方的威胁。之后，孙、刘之间开始了对荆州的争夺。当时，刘备中年丧偶，失去了甘夫人。周瑜得悉这一消息，便向孙权献上一计，请派人前往荆州向刘备说媒，假意将孙权之妹嫁给刘备，然后骗刘备至东吴招亲，扣为人质，逼还荆州。孙权派吕范前往提亲，刘备"怀疑未决"。但诸葛亮胸有成竹，料知东吴之谋，让刘备答允这门亲事，而且会使"吴侯之妹，又属于公；荆州万无一失"。然后，诸葛亮坐镇荆州，让赵云带500兵士，保驾刘备招亲。临行前，诸葛亮授予赵云三个锦囊，并嘱咐赵云按囊中三条妙计，依次而行。赵云牢记军师嘱咐，依锦囊所授之计而行，使刘备东吴之行化险为夷，顺利招亲，得了"佳偶"，而且安全返回荆州。使孙权、周瑜落得个"赔了夫人又折兵"的结局。

人们佩服诸葛亮料敌如神，计谋高超绝伦。其实，诸葛亮是在完全了解吴国君臣心机的情况下订立的妙计。首先识破"提亲"是骗局，便将计就计，大造舆论、声势，搞得沸沸扬扬，搞成既成事实，迫使孙、周哑巴吃黄连，只得弄假成真。其次，他深知刘备戎马半生，丧偶又得佳丽，会沉溺安乐，"乐不思蜀"；同时又深知孙、周会因此利用荣华安乐、声色犬马软禁刘备，因此设了第二条计。其三，他料定刘备逃出，孙、周绝不肯善罢甘休，会派兵追回刘备等人，因此设立了第三条计，让刘备请出孙夫人出来退兵。

刘备招亲过程中，刘备、赵云等人能够处处主动，步步占先，就在于有诸葛亮的三条锦囊妙计。诸葛亮之所以能在事情发生之前预先定下应付妙计，是由于他对事态的发展有着高度准确的预见。他这种先见之明，绝非来自主观臆断，而是来自对己方和彼方情况的深入了解以及对事态发展的符合逻辑的透彻分析。

当然，诸葛亮也有失算的时候，著名的"街亭之战"，就是诸葛亮没有慎重考虑马谡只知"纸上谈兵"，缺少实战经验，而委以重任，最终导致"失街亭"，进而"挥泪斩马谡"。

对于今人而言，一方面要深刻研究诸葛亮的用兵之道，同时也要研究他"失街亭"的原因，并总结经验，才能永保胜利。

大智大勇　郭子仪巧联回纥

郭子仪，是唐朝一代名将。他的大智大勇，多次令唐朝转危为安。

唐代宗宝应二年（公元763年），西北边疆少数民族吐蕃纠集回纥等其他民族共20多万人气势汹汹地杀入大震关，一度攻入京都长安。唐代宗命长子李适为元帅驻守关内，命老将郭子仪为副元帅，率兵赴咸阳抵御。

郭子仪在平定安史之乱时与回纥建立了友好关系，他勇敢善战，身

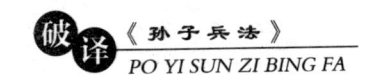

先士卒，回纥人十分钦佩，都称他为"郭公"。郭子仪决定利用这种关系拆散回纥与吐蕃的联盟，把回纥拉到自己这边，共同对付吐蕃。为此，郭子仪派部将李光瓒去"拜访"回纥头领药葛罗。药葛罗得知郭子仪来了，大为惊异，因为他在出兵前就听说郭子仪和唐代宗已经死了，于是提出要见见郭子仪。

李光瓒回到军营，将药葛罗的话转告给郭子仪，郭子仪立即决定到回纥军营去亲自跟药葛罗"叙叙旧"。郭子仪的儿子和众将领纷纷劝说郭子仪不能去冒险，又说："即使去，最少也要带五百精兵作护卫，以防万一。"郭子仪笑道："以我们现在的兵力，绝不是吐蕃和回纥的对手；如果能说服回纥退兵，或者说服回纥与我们结盟，那就能打败吐蕃。冒这个险，我看值得！"说罢，只带领几名骑兵向回纥军营进发，同时派人先去回纥军营报信。

药葛罗及回纥将领听说郭子仪来了，都大惊失色。药葛罗唯恐有诈，命令摆开阵势，他本人弯弓搭箭立于阵前，时刻准备开战。郭子仪远远望见，索性脱下盔甲，将枪、剑放在地上，独自打马走上前。药葛罗见来者果然是郭子仪，立即召唤众将跪迎郭子仪入营。郭子仪见状，慌忙下马，将药葛罗及众将搀起，携手进入军营。

郭子仪对药葛罗说："回纥曾为大唐平定安史之乱出过不少力，唐王也待回纥不薄，这一次为什么反要来攻打大唐呢？"药葛罗羞愧地说："郭公在上，我们回纥人不说假话，这一次出兵实在是被大唐叛将仆固怀恩骗来的。仆固怀恩说郭公和代宗都已不在人世，如今郭公就在眼前，我们马上退兵！"

郭子仪说："我们大唐兵多将广，像安禄山、史思明这样的叛乱都能被平定下去，吐蕃与安、史相比尚且不如，哪里会是大唐的对手！如果回纥能与大唐联手，共同打败吐蕃，代宗皇帝一定会感谢你们的。"

药葛罗激动地说："我们回纥听郭公的！就这么办！"说罢，命令士兵取酒来，要与郭子仪盟誓，郭子仪连连拱手致谢。

回纥人十分讲信义，盟誓之后，立即调兵遣将，向吐蕃发起攻击，郭子仪也倾全军精锐同时向吐蕃发起进攻。吐蕃大败，损兵折将数万，仓皇逃命而去。

郭子仪正是凭借自身无与伦比的勇气和胆识，先发制人，使回纥人折服，又动用高超的智慧，巧妙凭借回纥与己方的力量对比，对回纥人晓之以利，最终化敌为友，赢得了此番作战的胜利。

为人处世，如果能够做到"知己知彼"，就会转化不利的因素为有利的因素，提高自己顺利行事的概率，使自己的人生大放光彩。

所谓"知己"，就是认真总结自己的优、缺点，所谓"知彼"就是通过深入了解认真分析，把握别人的长处和短处。扬己之长，避己之短并针对别人的长处与短处妥善应对，最终使自己自由旋转于人生的舞台。

巧妙激将　约翰逊处世有道

俗话说："遣将不如激将。"激将的过程，就是一个经过认真分析，"知己知彼"的必然过程，其结果，只能是胜利在握。

人的自尊、名声、荣誉、能力……都可以作为"激将法"中的武器。美国黑人富豪约翰逊决定在芝加哥为公司总部兴建一座办公大楼，出入无数家银行，但始终没贷到一笔款。

这天，约翰逊和大都会人寿保险公司的一个主管在纽约市一起吃饭。约翰逊拿出经常带在身边的一张蓝图准备摊在餐桌上时，保险公司主管对约翰逊说："这儿我们不便谈，明天到我的办公室来。"

第二天，当约翰逊断定大都会公司很有希望给他抵押借款时，他说："好极了，唯一问题是今天我就要得到南非贷款的承诺。"

"你一定在开玩笑，我们从来没有在一天之内给过这样贷款的承诺。"保险公司主管回答。

约翰逊把椅子拉近说："你是这个部门的主管。也许你应该试试看你有无足够的权力把这件事在一天之内办妥。"

对方微笑着说："你这是逼我上梁山，不过还是让我试试看。"

他试过以后，本来说办不到的事儿终于办到了，约翰逊也在钱花光之前几个小时回到了芝加哥。

以激将法说服别人，务必找到并击中对方的要害，迫使他就范。就这件事儿来说，要害是那位主管对他自己权力的尊严感。

约翰逊在谈话中暗示，他怀疑那位主管真拥有那么大的权力，主管听了这话，感到自己的权力的威严受到了挑战，那好，我就证明给你看！最终那位主管果然不负所望。

用激将法说服别人，务必找到并击中其害，使他在饱受刺痛之余，奋力前进，从而使自己的工作收到事半功倍之效。

当然，使用激将法也要把握时机和分寸。如果出言过早，时机不够成熟，反而容易使人泄气。出言过迟，良机已逝，又成了"马后炮"，收不到应有的效果。只有适时运用，才能效果显著。

大显身手　摩根声名鹊起

人世间，没有坦途。只有善于抓住机遇，才可能为自己开辟前进之路。

华尔街大亨约翰·皮尔庞特·摩根，青年时赚到的"第一桶金"，是在新奥尔良买下的一批巴西咖啡。

当时，摩根正在父亲的朋友在华尔街开设的邓肯商行实习，有机会去古巴的哈瓦那出了一趟差。在返回的途中，他试了一回自己的冒险精神。

那时，轮船停泊在新奥尔良。他穿过充满巴黎浪漫气息的法国街道，来到了嘈杂的码头。码头上，一位陌生白人拍了拍他的肩膀，问他是否想买咖啡。那人自我介绍说，他是往来美国和巴西的货船船长，受托到巴西的咖啡商那里运来一船咖啡。没想到美国的买主已经破产，只好自己推销。如果谁给现金，他可以以半价出售。

摩根经过考虑打定主意买下这些咖啡。他于是就带着咖啡样品，到新奥尔良所有与邓肯商行有联系的客户那儿推销。经验丰富的职员要他谨慎行事，因价钱低廉，但舱内的咖啡是否同样品一样，谁也说不准，何况以前还发生过船员欺骗买主的事。但摩根已下了决心，他以邓肯商行名义买下全船咖啡，并发电报给纽约的邓肯商行说，已买到一船廉价咖啡。

可是，邓肯商行回电却对他严加指责，并不许摩根擅用公司名义！要他立即取消这笔交易！摩根只好发电报给伦敦的父亲，向他求援。在父亲的默许下，用父亲在伦敦的户头，偿还了原来挪用邓肯商行的金额。他还在那名船长的介绍下，买了其他船上的咖啡。

幸运的摩根赌赢了！就在他买下大批咖啡不久，巴西咖啡因受寒而减产，价格一下子猛涨了2～3倍。摩根大赚了一笔。

1862年春，结婚还不到3个月的摩根痛失爱妻。他化悲痛为力量，在父亲的支持下，在曼哈顿岛纽约证券交易所对面的一幢房子里，创办了属于自己的公司。

摩根还通过关系在纽约证券交易所拥有了一个席位。对摩根这位年轻的金融投机家而言，坐落在华尔街一栋又老又旧的建筑物地下室中的黑市交易所是最使他感兴趣的。当时大都市地下室，通常用来贮藏煤炭，以备冬天取暖之用，人们戏称它为"煤炭厅"。

那时，一位年轻的投机家克查姆和摩根搭伙搞金融投机。克查姆建议摩根说："咱们先同皮鲍狄公司打个招呼，通过他和你的商行共同付款的方式，秘密买下400万到500万美元的黄金。"摩根盘算着，说："对！黄金到手之后，将其中的一半汇往伦敦，另一半归咱们。一旦汇款的事情泄露出去，同时查理港的北军又战败的话，金价必然暴涨。时候一到，咱们就把留下来的那一半抛售出去。"

摩根和克查姆按计划行事。黄金果然在他们的预料下暴涨了，他俩大捞了一笔。此事在纽约和伦敦掀起轩然大波。《纽约时报》发表社论说，这次金价暴涨，简直是把美利坚合众国的生命视同儿戏！议会应该赶快建造断头台，将这些家伙斩首示众。该报还刊登了一篇调查结果，说纽约一个名叫约翰·皮尔庞特·摩根的青年投机家，是这一事件的操纵者。

摩根终于成为华尔街银行家。他又把目光瞄准了铁路投机事业。因为这时各地铁路纷纷营建，已成为美国的热门。在南北战争以前，摩根投机咖啡初尝甜头。在战争中又进行破枪支买卖，后来又搞黄金投机，这些活动使他获得了丰富的投机致富经验,在华尔街云集的投机者中间,他是注定要战胜所有的对手的。

有一条叫萨科那的铁路,虽然只有227公里却具有极为优越的地理位置,纽约四周的煤炭、石油和钢铁等,都靠它运输。为了争夺这条铁路的营运权,几位大老板甚至不惜动用武力,大打出手,各有死伤,靠军队才将暴乱平息下去。摩根耍了手腕,使争夺者两败俱伤,他从而把萨科那铁路的经营权抢到了手。

1871年3月,法国巴黎爆发一场大革命,巴黎公社宣告成立。同年5月,巴黎公社失败,欧洲政局又陷入一片混乱之中。镇压巴黎公社的刽子手、法国资产阶级政府头子梯也尔为了巩固他的统治,派密使约见摩根的父亲吉诺斯·摩根,想请摩根家族代为发行2.5亿法郎的国债。吉诺斯经过讨价还价,答应下来了。

在纽约的摩根收到了父亲的电报。电报说:"希望在美国能把2.5亿法郎消化掉。考虑到你的负担过重,我因此想了个新办法,成立辛迪加(企业的联合),也就是把华尔街的所有大规模投资金融公司集合起来,成立一个国债承担组织。"摩根读着电文,心里想,这可能吗?但他知道,老父亲毕竟是老谋深算的,成立辛迪加,目的是让大家一道承担风险;而一旦法国国债发行成功了,赚钱最多的无疑是摩根父子。摩根给父亲回电,承诺了下来。

通过代理发行法国国债,摩根这个青年金融家一下子成了美国和加拿大知名的风云人物。他又大发了一笔。

事业如日中天的摩根继续大显身手。到1890年,他以纽约的中央铁路为基础,趁美国经济混乱、全美铁路系统因各个大老板你争我夺而陷

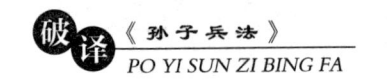

于瘫痪的时机，不断地吞并别人，坐上了"铁路大联盟"的第一把交椅。

约翰·皮尔庞特·摩根的财产日益增加。光是铁路，直接属于他的就有 3.05 万公里，此外，受他控制的还有近 7 万公里。

财大气粗的摩根还把手伸向美国的钢铁企业。他把目光盯向了美国钢铁大王卡内基。在美国钢铁企业排行榜中，坐头把交椅的要数卡内基了；摩根的钢铁企业只能排第二；排第三的是洛克菲勒。摩根一直把卡内基当作眼中钉、肉中刺。机会终于来了！卡内基由于母亲、弟弟和最得力的助手接连去世，决定隐退，把他的全部家当以 3.2 亿美元出让。摩根生怕洛克菲勒买了去，便派人和卡内基谈判。谁知卡内基又抬高到 4 亿美元。约翰·皮尔庞特·摩根说："我们高于 4 亿美元买下它！"

1901 年 4 月 1 日，是约翰·皮尔庞特·摩根一个难忘的日子，这一天，属于他的 US 钢铁企业正式成立。约翰·皮尔庞特·摩根向新闻界宣布，US 钢铁企业拥有 10.18 亿美元资金，发行 3.01 亿美元新公司债券。

进入 20 世纪后，世界金融中心渐渐从伦敦移到了纽约，华尔街成了世界金融中心的代名词。约翰·皮尔庞特·摩根家族的总资本已达到 34 亿美元，包括银行家信托公司、第一国家银行、保证信托公司。摩根同盟资本约 48 亿美元。整个枝连的"摩根体系"，总值竟有 200 亿美元！另外还有 125 亿美元保险资本。摩根同盟的两个大银行拥有 510 亿美元总资产。相加起来，总资产相当于美国企业资产的 1/4。

摩根深谙"知己知彼"之道，最终屡战屡胜，一跃而为华尔街大亨。

第四篇
军形篇
——不打无把握之仗

　　不打无把握之仗，是一切成大事者共同信守的原则。怎样才能做到这一点呢？这就需要你有一双明亮的眼睛，洞悉周围局势变化，拿出最有效的方法。聪明人与糊涂人之别往往就在于聪明人有一双明亮的眼睛，从不被灰尘遮挡住。此为《孙子兵法》"军形篇"之精髓。

本篇导引

本篇主要讲述了"先为不可胜，以待敌之可胜"的作战原则及用兵的基本原则。

为了实现"先为不可胜，以待敌之可胜"，应当"能自保而全胜"，即"不可胜者，守也；可胜者，攻也。"要"能为胜败之政"，即"胜兵先胜而后求战，败兵先战而后求胜"。

用兵的基本原则有五条："度"、"量"、"数"、"称"、"胜"。地生度，度生量，量生数，数生称，称生胜。

本篇主题词：先为不可胜、自保而全胜、修道而保法

智慧之源

孙子曰：昔之善战者，先为不可胜，以待敌之可胜。不可胜在己，可胜在敌。故善战者，能为不可胜，不能使敌之可胜。故曰：胜可知而不可为。

不可胜者，守也；可胜者，攻也。守则不足，攻则有余，善守者，藏于九地之下；善攻者，动于九天之上。故能自保而全胜也。

见胜不过众人之所知，非善之善者也；战胜而天下曰善，非善之善者也。故举秋毫不为多力，见日月不为明目，闻雷霆不为聪耳。古之所谓善战者，胜于易胜者也。故善战者之胜也，无智名，无勇功。故其战

胜不忒。不忒者，其所措必胜，胜已败者也。故善战者，立于不败之地，而不失敌之败也。是故胜兵先胜而后求战，败兵先战而后求胜。善用兵者，修道而保法，故能为胜败之政。

兵法：一曰度，二曰量，三曰数，四曰称，五曰胜。地生度，度生量，量生数，数生称，称生胜。故胜兵若以镒称铢，败兵若以铢称镒。胜者之战民也，若决积水于千仞之溪者，形也。

经典诠释

孙子说：从前善于用兵打仗的人，先要做到不会被敌方战胜，然后捕捉时机战胜敌人。不会被敌人战胜的主动权操在自己手中，能否战胜敌人则取决于敌人是否有隙可乘。所以，善于打仗的人，能创造不被敌人战胜的条件，但却不可能做到使敌人一定被我战胜。所以说，胜利可以预知，但是不可强求。

想要不被敌人战胜，在于防守严密；想要战胜敌人，在于进攻得当。实行防御，是由于兵力不足；实施进攻，是因为兵力有余。善于防守的人，隐蔽自己的兵力如同深藏于地下；善于进攻的人，展开自己的兵力就像自九霄而降（令敌人猝不及防）。所以，既能够保全自己，而又能夺取胜利。

预见胜利不超越一般人的见识，这算不得高明中最高明的。通过激战而取胜，即使是普天下人都说好，也不算是高明中的最高明的。这就像能举起秋毫称不上力大，能看见日月算不得眼明，能听到雷霆算不上耳聪一样。古时候所说的善于打仗的人，总是战胜那些容易战胜的敌人。

043

因此善于打仗的人打了胜仗,既不显露出智慧的名声,也不表现为勇武的战功。他们取得胜利,是不会有差错的。其所以不会有差错,是由于他们的作战措施建立在必胜基础上,能战胜那些已经处于失败地位的敌人。善于打仗的人,总是确保自己立于不败之地,同时不放过任何击败敌人的机会。所以,胜利的军队总是先创造获胜的条件,而后才寻求同敌决战;而失败的军队,却总是先同敌人交战,而后企求侥幸取胜。善于指导战争的人,必须修明政治,确保法制,从而能掌握战争胜负的决定权。

兵法的基本原则有五条:一是"度",二是"量",三是"数",四是"称",五是"胜"。敌我所处地域的不同,产生双方土地幅员大小不同的"度";敌我地幅大小——"度"的不同,产生了双方物质资源丰瘠不同的"量";敌我物质资源丰瘠——"量"的不同,产生了双方军事实力强弱不同的"称";敌我军事实力强弱——"称"的不同,最终决定了战争的胜负成败。胜利的军队较之于失败的军队,有如以"镒"比"铢"那样,占有绝对的优势。而失败的军队较之胜利的军队,就好像用"铢"比"镒"那样,处于绝对的劣势。胜利者指挥军队与敌作战,就像在万丈悬崖决开山涧的积水,所向披靡,这就是"形"——军事实力。

现代释用

在企业和商业经营管理中,必须强化内部管理,从各方面修明自身,建立完善的可以制胜的内部机制,也就是建立不被战胜之道。任何一个经营实体,都由人、财、物、信息四大要素构成经营活动的重要内容,而经营者经过计划、组织、指挥、协调、控制五种管理职能对经营活动进行管理。这就是"修道保法",它是经营成败的关键。所以,《孙子兵法》说,"修道而保法,故能为胜败之政"。

随着市场经济的发展,领导者权力越来越大。如果领导者"有道"而贤能,将有利于生产经营,促进生产发展;如果领导者"无道",将严重影响正常的运作,阻碍生产发展。

对私营业主来说,如果经济上富裕,精神上贫穷,各种不良习气,必会滋长,黄、赌、毒、迷信等势力必将抬头,并会愈演愈烈。所以"修道保法"至关重要。

一位领导者,如果能扬长避短,趋利避害,就能使自己立于不败之地。这也就是《孙子兵法》所说的"修道"。修道而保法,故能为胜败之政。

随着市场经济的发展,企业领导者的权力越来越大。如果领导者"有道",必将利国、利厂、利职工;否则,必将害国、害厂、害职工。所以,领导者是否"修道而保法",对于整个社会来说,至关重要。

胜于易胜　陈泰巧用兵

公元251年,西蜀大将姜维、夏侯霸等人引兵数万进攻曹魏的陇西。魏雍州刺史王经对征西将军陈泰说:"听说姜维分兵三路,一路向祁山,一路奔石营,另一路赴金城。所以我们也要分三路布置,您出兵侧翼保石营,调凉州军至木包罕保金城,派讨蜀护军徐质保祁山。"陈泰心想,以姜维的实力和兵力势必不能分取三路,而自己的兵力也不好分开,便对王经说:"先别急,看看形势,知道敌人的意图再说。"后来,姜维果然只一路进兵。率领全部兵力至木包罕,意在夺取狄道,虎视关陇。知道敌人意图后,陈泰派王经去守狄道,告诉他须待大军到后,再与姜维交战。陈泰自己率军到陈仓,意欲从侧翼发动攻击。

王经去后,不守狄道,而是率军前进,与姜维相遇于故关,交战大败,仓忙跑回狄道,收拾残军防守。由于此战失利,姜维乘胜引兵前进,把狄道团团包围起来。狄道形势危急,陈泰知道原来的侧翼攻势已无用,便急命五营前行,自引大军在后跟随,去解狄道之围。

部队到了上邦,邓艾、胡奋、王秘等人亦领兵到来。邓艾等人说:"王经的精兵已败于姜维,敌人兵多气盛,难以抵挡。而您所率之兵实为乌合之众,新败之后,士气消沉,陇右动荡不安。古人说:'蝮蛇螫手,壮士断腕。'《孙子兵法》也说:'兵有所不击,地有所不守。'这是说要忍受小失而保全大局。现在,陇右的危险远过于蝮蛇,狄道不正是不守之地吗?姜维之兵,乘勇前进,我们应避其锋锐。所以现在不如放弃狄道之守,先求自保,然后再设法进兵陇右,这才是上策。"陈泰说:"姜维率轻兵深入远地,粮草不继,必定要与我们寻求速战。所以,王经应当高壁深垒,挫其锐气,不与交战。但他不知形势,与敌速战,遂使敌人得志进兵包围了狄道。如果姜维攻克狄道,再引兵东进,占据栎阳粮米之地,驻兵此处,招降纳叛,勾引羌人,东争关陇,则此处四郡大概都会被姜维所得。这样的话,我们的麻烦就大了。不征讨呢,姜维虎视中原,危险时在;征讨呢,姜维以得胜之兵据城坚守,坚守的形势不同,我军要想取胜便非常不易。而现在呢?姜维仓促之间调集大军深入,粮草必然不继,这正是我进军破敌之时,只要我军以迅雷不及掩耳之势进攻,姜维必破无疑。而且,我军占据高地,以上击下,势如破竹,敌人必不战而走。敌寇不可容纵,被围的狄道也不会坚持多久,诸位将军何必说出这种话来呢？"陈泰于是便进兵跨越高城岭，准备救狄道之围。

心意定了，救兵之计如何布置呢？陈泰心想，姜维用兵亦非比寻常，他既然兵围狄道，想必会在山路险阻之处设兵伏击援兵。怎么办呢？他命令部队趁夜潜行，绕过敌人可能设伏的北路，率军向南，走到了狄城东南的高山之上，果然绕过了姜维的伏兵。大军一到，于高山之上多举烽火，击鼓鸣角，告诉城中救兵已到，城中兵将士气大振。而姜维见对方救兵突至，出乎意料，军中上下震惊。姜维引兵来战陈泰，由于地势不利而退。后来，陈泰又密谋截断了姜维的退兵之路。姜维听到后，连忙引兵遁去，狄道之围被解，姜维没有在陈泰手中得到一点好处。

在这场互斗心智的战争中，陈泰的智谋表现得淋漓尽致，他先是想守住姜维进兵的必由之路，然后从陈仓发动侧翼反攻。故关一败，狄道危急，侧翼反攻无法实施，便出奇兵绕过埋伏，突然出现在姜维的大军面前，保住了狄道。再后又密谋截断姜维的退路，吓走了姜维。此战一胜，连司马懿对陈泰也是交口称赞。姜维也表现了很高的军事谋略，他先是诈称兵取三路，突然一路进兵木包罕，围狄道，伏兵打援，无奈遇上了对手，一丝便宜也没有得到。

陈泰战姜维，运用了反应术，出奇兵于高山之上，多举烽火，击鼓鸣角，城中兵将士气大振，姜维兵上下震惊，为夺取胜利创造了条件。

在极其不利的情况下，深入探查敌方，积极进行筹备，是陈泰的过人之处，正所谓"善战者，胜于易胜者也"。

"胜于易胜"在为人处世方面的表现很多。但万变不离其宗。只有深入了解对方，使自己处于不败之地，才能最终取胜。这好比钓鱼要先清楚所要钓之鱼的喜好，然后以饵诱之，只要运用得法，必然会钓竿不虚。

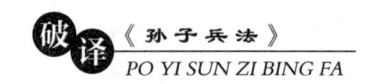

投其所好　处世有法

长期以来,"投其所好"一直被当作为人鄙夷的贬义词。其实,如果投其所好的目的是光明磊落、合乎情理的,那它则可称得上是与人交往中的一把金钥匙。它的含义常指从对方的喜好、兴趣中的"闪光点"入手,从而博得人的好感,进而产生理解、接纳、合作等行为效果。

举个最简单的例子吧,一个钓鱼爱好者说:"我每年夏天都爱去钓鱼。我自己喜欢草莓和乳脂,而鱼儿则喜欢小虫。因此,我每次钓鱼时不想我所要的,而是想鱼儿所要的。我在鱼儿面前垂下一只小虫或蚱蜢,说:'你不想吃吃这个吗?'"

当你"钓"别人的时候,为什么不同样使用这样的方法呢?

换句话说,一个人要逐渐学会以别人的观点思考,以别人的观点来看事情。如果你掌握了这一点,它就可以轻易地变成你事业中的一个里程碑,你所做的每件事都会在对方迫切需要的状况下有所收获。例如,有一天,爱默生和他的儿子要把一头小牛赶回牛棚,但是他们犯了一个一般人易犯的错误——只想到他们所要的:爱默生在后面推,他儿子在前面拉。但小牛所想的也正是它所要的,所以它四脚蹬地,顽固不前。爱尔兰女仆看到这些,想到了那只小牛所要的,便把她的拇指放入小牛的口中,让小牛吮着手指,同时轻轻地把它引入牛棚。从这一事例中可看出,这位女仆虽然不会著书立说,但由于在此应用了这一方法,所以能解除这一困境。

这一方法对于初次见面就一心要吸引对方的人极为有效。因为一旦明白对方的需要,从对方的角度考虑问题,容易引起共鸣,从而更容易达到目的。

别出心裁　烟台啤酒厂大获全胜

经营者善于选择突破口，发挥自己有限的条件，突出自己的优势，才能战胜竞争对手。

旧上海，英国沙逊洋行开办了"友啤啤酒厂"，怡和洋行开办了"怡和啤酒厂"，法国人开办了"国民啤酒厂"。20 世纪 30 年代，上海的啤酒市场几乎被这三家啤酒厂垄断，每年广告费用就达 40 万元。在这种局面下，中国民营企业生产的啤酒无法挤进上海市场。

山东烟台啤酒厂，是当地一些民族资本家合办的，资产才 20 万元。它生产的啤酒质量毫不逊色于英法啤酒厂的产品，可运到上海后无人问津。烟台啤酒厂决心与外国人竞争一番，展开了声势浩大、别开生面的公关活动。

首先，他们在上海静安寺路 20 号"新世界"这个大规模游乐场所的底层租了一间店面，精心装潢，提高啤酒厂在人们心目中的地位，树立企业形象。征得"新世界"同意后，烟台啤酒厂在各大报纸版面刊登大幅广告，内容是：定于某日，购票进"新世界"者，由烟台啤酒厂赠洗脸毛巾一条。然后，可免费喝啤酒，按喝啤酒的多少定出第一到第三名，赠送大奖。

这一日到了，上海南京路上人山人海、水泄不通，市民抢着买门票，"新世界"内整整一天免费供应啤酒。这一举动在上海市引起轰动，各家报纸争相报道，烟台啤酒厂名声大噪。"烟台啤酒厂赠"几个字随着厂家赠给顾客的毛巾走进千家万户，充当了无声宣传器的作用。特别是一个"赠"字，在情感上把厂家和顾客拉近了许多，烟台啤酒厂第一举便获得了很大的成功。

一个月后,烟台啤酒厂又在各大报上刊登消息:某个星期天,一些烟台啤酒将被隐藏在上海半淞园,欢迎上海市民前去寻找,找到一瓶啤酒,奖啤酒20箱。于是,这一天半淞园内人头攒动,到处是寻找烟台啤酒之人。这一天共用去了520箱啤酒。

烟台啤酒厂这两个举动别出心裁,使不少上海市民品尝到了烟台啤酒,对酒的质量有了了解,顺利完成了自我推销过程,而用于宣传的费用还不到英法啤酒厂的一半。

英法啤酒厂的垄断地位被打破,很不甘心,于是他们给出售英法啤酒的老板增加佣金。烟台啤酒厂针锋相对,决定在1万箱啤酒中,拿出1万元作为奖金。在1万个瓶盖中,印上"中"、"国"、"啤"、"酒"4个不同的字,分别代表1元、2.5元、5元、10元。消费者开瓶时,只要发现带字的瓶盖,就可拿到烟台啤酒厂驻上海办事处换钱。这一招实在高明绝妙,顾客都愿意买他们的啤酒。餐厅的服务员开的啤酒愈多,中奖希望愈大,因此他们也愿意卖烟台啤酒。而印在瓶盖上的字,能激起市民的民族意识,买烟台啤酒的可能性更大些。于是,这场啤酒大战,以英法酒厂的失败而告终,烟台啤酒厂则大获全胜。

烟台啤酒厂的优势就是他们在自己的本土从事酿酒业。他们充分利用中国人的"情",并以此为突破口,巧妙胜过洋对手。

严把质量关　张果喜声名远播

质量是企业的生存之本,只有严把质量关,才能为企业树立良好的

第四篇 军形篇
——不打无把握之仗

信誉。

张果喜的童年是在贫困中度过的。他两岁时,母亲就去世了;他读完了小学,刚刚踏进中学校门,"文化大革命"的狂潮席卷了余江区,学校里已经无书可读,15岁的张果喜只好到余江区邓家埠农具修造社木工车间去当学徒。

张果喜成了一个好木工,5年以后还担任了木工车间主任。可是,他所在的厂,却因为经营管理不善,效益每况愈下,到1972年,已濒临倒闭的边缘。结果,无法自负盈亏的木工车间被从厂里割离出来,单独成为木器厂。年轻的张果喜被任命为厂长。

张果喜名义上是厂长,可是他从农具社得到的,除了3平板车木头和几间破工棚,就只有21名职工和他们的家庭近百口人的吃饭难题,以及"分"到他们头上的2.4万元的沉重债务!

到了第一次发工资的日子,张果喜这个厂长手上却连一分钱也没有!血气方刚的他找到父亲,要把家里的房子卖了。那房子还是土地改革时分给他们家的,已经住过张家祖孙三代人。人家当了厂长,忙着给自家盖房子,张果喜这个厂长却急着卖自家的房子!尽管如此,通情达理的父亲,理解儿子的难处,还是同意了。房子卖了1400元,张果喜全部拿到了厂里,这成了他们最初的本钱。

单靠这点钱,又能发得上几回工资呢?木器厂必须找到能挣钱的活干。张果喜必须另找出路。

情急之下,他想到了上海。说干就干,张果喜和他的伙伴,4个人带了200元钱,闯进了大上海。因为怕被扒手扒去这笔"巨款",他们躲进厕所里,每人分50元藏在贴身口袋里。晚上舍不得住旅馆,就蜷

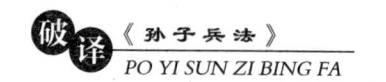

缩在第一百货公司的屋檐下打地铺。他们从上海人口中得知,上海工艺品进出口公司大厦坐落在九江路。九江可是江西的地名呀!他们感到了几分亲切,也更增加了几分希望。

在工艺品进出口公司陈列样品的大厅里,张果喜被一种樟木雕花套箱吸引了目光。套箱是由两个或三个大小不一的箱子组合而成的,每个箱子都是单独的工艺品,套在一起又天衣无缝;箱子的四沿堆花叠翠,外壁层层相映着龙凤梅竹,精美非凡。当他听说每件套箱的收购价是300元时,简直觉得这是天上掉下来的馅饼!300元啊,他们4个人千里迢迢来闯上海,全部盘缠也才不过200元呀!他决定接下这批活。

工艺品进出口公司答应了张果喜提出的承做50套出口樟木雕花套箱的请求,并当场签订了合同。张果喜的名字,第一次与1.5万元巨款连在了一起!

张果喜没有马上回去,他对伙伴们的木工技艺心中有数,知道要做这样精细的活计还有难度,所以先在上海艺术雕刻厂学了一个星期的木雕技术,把看到的一切都牢牢地记住。临走时,他从上海艺术雕刻厂的废纸堆里,拣回了几张雕花图样,又顺手牵羊地带走了一只报废的"老虎脚"。

回到余江的当天夜里,他顾不上休息,连夜召开全厂职工大会。要求大伙一定要把这第一批活干好。

但是,怎样才能干好呢?张果喜把全厂的碎木料一一清理出来,分成三十几堆,全厂职工每人一堆,让大家照着样品上的花鸟去练雕刻。接着,他把工人带到有"木雕之乡"美称的浙江省东阳市,向东阳市的老师傅学习;又把东阳的老师傅请到余江来教……就这样,张果喜和他的伙伴们如期交出了高质量的樟木雕花套箱。在1974年的广交会上,他们独具一格的"云龙套箱",造成了极大的轰动。

张果喜决心要将工艺雕刻这碗饭吃到底了。他给每一位雕刻工发了画笔、画板,要求每人每天一张素描,由他过目,评分。他挤出经费,让雕刻工外出"游山玩水",接受美的熏陶。于是,各种题材、各种风格、各种流派的雕刻艺术,都汇聚到他的办公室,争奇斗妍。

1979年秋天,张果喜再次闯进大上海。同样在上海工艺品进出口公司的样品陈列厅里,他看中了比雕花套箱值钱得多的佛龛。

这是专门出口日本的高档工艺品。日本国民家家必不可少的"三大件",就是别墅、轿车、佛龛。佛龛用来供奉释迦牟尼,虽然大小只有几尺见方,结构却像一座袖珍宫殿一样复杂。成百上千造型各异的部件,只要有一块不合规格或稍有变形,到最后就组装不起来,成为废品。因为工艺要求太高,许多厂家都不敢问津,但张果喜却看中了它用料不多而价格昂贵,差不多是木头变黄金的生意!

张果喜签了合同,带着样品返回家乡,一连20天泡在车间里,和工人们一起揣摩、仿制,终于取得了成功。张果喜庆幸自己抱住了一棵"摇钱树"。1980年,他的企业创外汇100万日元,其中60万日元是佛龛收入;1981年,他们创外汇156万日元,佛龛收入超过100万日元!

张果喜深知,要在国际市场上站稳脚跟,就必须对产品质量有着极其严格的要求。一次,有一个工人在雕刻佛龛横梁上一左一右两条龙时,左边的龙须比右边的龙须短了两厘米,张果喜竟生气地摔断了那根价值几百元的横梁。他说:"宁可自己受损失,也不能砸了厂里的招牌!"

有一次,一个日本客商来到厂里,对张果喜说,他们的产品运到日本后散了架,断了梁,并且提出索赔的要求。胸有成竹的张果喜不动声色，把日本客商带到包装车间，看佛龛的装箱过程，然后再带到仓库，让他任意挑出一箱进行测试。

工人将这位日本客商挑出包装好的木箱高举到离地两米，然后砰的一声摔到水泥地上，接着又再摔了一次，这才打开木箱，请客商检查箱内的佛龛。日本客商看到，尽管包装箱已被震裂，箱内的佛龛一丝一毫都没损坏！他不禁面露愧色，无言以对。就这样，凭着过硬的质量，余江区工艺雕刻厂的产品，战胜了资历深、技艺高的韩国对手，几乎垄断了日本的佛龛市场。

张果喜善于利用天时地利。由于订货量逐年上升，他果断地在同业之间开展多种形式的横向经济联合，先后在浙江、上海、江苏等省市建立起32个分厂，员工人数达到4000多人。1988年，当海南省刚刚被确立为经济大特区时，张果喜当即带领人马赴三亚考察，投资1500万元，组建了一家房地产开发公司；接着又在深圳组建了宏达工贸有限公司，成为他们进行国际贸易的纽带和窗口。外国报纸把他的企业称作"建在稻田上的帝国"。除在中国3个城市开设办事处外，张果喜还在日本、加拿大和德国建立了办事处，果喜集团如今已成为国际贸易总公司。

正是由于张果喜把质量视为自己的生命，并严把质量关，木器厂的工艺品才能远渡重洋，到海外安家落户。

第五篇
兵势篇
——把时机攥在手中

抓住时机，就能获得先手。先手意味着什么？意味着比别人先伸出手脚，先占得有利局面。那些图谋大局的成功者，从不放过任何一次时机，总能把时机变成成功的条件，因为他们都擅长"攥"功。此为《孙子兵法》"兵势篇"之精髓。

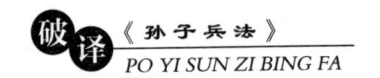

破译《孙子兵法》
PO YI SUN ZI BING FA

本篇导引

本篇主要讲述了"任势"的重要性。

只有造成一种猛不可挡、压倒敌人的有力态势，士兵才会勇猛无比，军队的战斗力才可以得到最充分的发挥。

为了达到"任势"的目的，就要"示形"、"动敌"，就要发挥"奇正"的作用，毕竟"战势不过奇正"，"凡战者，以正合，以奇胜。"

"奇正"是事物发展进程中矛盾着的两个方面，可以相互转化，"奇正之变，不可胜穷也"。

本篇主题词：择人而任势

智慧之源

孙子曰：凡治众如治寡，分数是也；斗众如斗寡，形名是也；三军之众，可使必受敌而无敌者，奇正是也；兵之所知，如以石毁投卵者，虚实是也。

凡战者，以正合，以奇胜。故善出奇者，无穷如天地，不竭如江河。终而复始，日月是也；死而复生，四时是也。色不过五，五声之变，不可胜听也。色不过五，五色之变，不可胜观也。味不过五，五味之变，不可胜尝也。战势不过奇正，奇正之变，不可胜穷也。奇正相生，如循环之无端，孰能穷之？

激水之疾，至于漂石者，势也；鸷鸟之疾，至于毁折者，节也。是故善战者，其势险，其节短。势如扩弩，节如发机。

纷纷纭纭，斗乱而不可乱也；混混沌沌，形圆而不可败也。乱生于治，怯生于勇，弱生于强。治乱，数也；勇怯，势也；强弱，形也。故善动敌者，形之，敌必从之；予之，敌必取之。以利动之，以卒待之。

故善战者，求之于势，不责于人，故能择人而任势。任势者，其战人也，如转木石。木石之性，安则静，危则动，方则止，圆则行。故善战人之势，如转圆石于千仞之山者，势也。

经典诠释

孙子说：通常而言，管理大部队如同管理小部队一样，这属于军队的组织编制问题；指挥大部队作战如同指挥小部队作战一样，这属于指挥号令的问题；整个部队遭到敌人的进攻而没有溃败，这属于"奇正"的战术变化问题；对敌军所实施的打击，如同以石击卵一样，这属于"避实就虚"。

一般的作战，总是以"正兵"合战，用"奇兵"取胜。所以，善于出奇制胜的人，其战法的变化如天地运行那样变化无穷，像江河那样奔流不息。终而复始，就像日月的运行；去而复来，如同四季的更替。乐音的基本音阶不过五个，然而五个音阶的变化，却是不可尽听；颜色，不过五种色素，然而五色的变化，却是不可尽观；滋味不过五样，然而五味的变化，却是不可尽尝。作战的方式方法不过"奇"、"正"两种，可是"奇"、"正"的变化，却永远未可穷尽。"奇"、"正"之间的相互

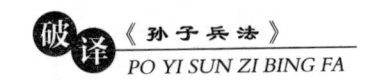

转化,就像顺着圆环旋绕似的,无始无终,又有谁能够穷尽它呢?

湍急的流水迅猛地奔流,以致能够把巨石冲走,这是因为它的流速飞快形成的"势";鸷鸟高飞迅疾,以致能捕杀鸟雀,这就是短促迅猛的"节"。因此,善于指挥作战的人,他所造成的态势险峻逼人,他进攻的节奏短促有力。险峻的态势就像张满的弓弩,迅疾的节奏犹似击发弩机把箭突然射出。

战旗纷乱,人马混杂,在混乱之中作战要使军队整齐不乱;在兵如潮涌、混沌不清的情况下战斗,要布阵周密,保持态势而不致失败。向敌诈示混乱,是由于己方组织编制的严整。向敌诈示怯懦,是由于己方具备了勇敢的素质。向敌诈示弱小,是由于己方拥有强大兵力。严整或者混乱,是由组织编制的好坏所决定的。勇敢或怯懦,是由作战态势的优劣所造成的。强大或者弱小,是由双方实力大小的对比所显现的。所以善于调动敌人,伪装假象迷惑敌人,敌人便会听从调动;用好处引诱敌人,敌人就会前来争夺。总之是用利益引诱敌人上当,再预备重兵伺机打击他。

善于用兵打仗的人,总是努力创造有利的态势,而不对部属求全责备,所以他能够选择人才去利用和创造有利的态势。善于利用态势的人指挥军队作战,就如同滚动木头、石头一般。木头和石头的特性是,置放在平坦安稳之处就稳住,置放在险峻陡峭之处就滚动。方的容易停止,圆的滚动灵活。所以,善于指挥作战的人所造成的有利态势,就像将圆石从万丈高山上推滚下来那样,这就是所谓的"势"。

现代释用

"势"是事物发展的趋势，是事物发展的内在动力。把握这种"势"，将有利推动事物的发展。这就是"任势"。

"势"也是可以创造的。时下时髦的"广告"，把所要宣传的产品经过一番变化，然后展示出来，如果展示得恰当，将提高所要宣传的产品的知名度，促进其销售。制作广告的过程，也就是一个造势的过程。

要想正确地运用"势"，最主要的是"择人"。毕竟社会是以人为中心的，有了恰当的人，就可以更好地发挥"势"的作用。一般地说，所择之人应当具备这样一种素质，即：能够掌握和利用态势。同时，各类人才要因材施用。精打细算，一丝不苟，长于计算者，可用于理财；管理严格，不徇私情者，可用于企业管理；头脑灵活，经验丰富者，可用于采购，等等。总之，要人尽其才。经营也是一种用人的艺术，调动从业人员的积极性，发挥其所长，必将使经营大获成功。这就是"择人而任势"。

领导者是各种活动的组织者。领导者由于时间及职业要求所限，并不能事事都亲力亲为。更由于领导者最大的责任是有效组织，所以领导者必须"择人"。只有有效地"择人而任势"，领导者才有可能将自己的意图最大可能地实现。

培养人才　劲旅椰风挡不住

何以海南椰风食品饮料工业公司，一个年产值仅150万元的小企业，经过3年的时间，一跃而为年产值30亿元的大型企业？是什么神奇的力量造成了这样翻天覆地的变化？让我们看一看"椰风"的发展史，就不难发现，原来"椰风"一直以"人"为本，培养了一支"人才劲旅"。

早在饮料生产线投产以前，公司就从城里招来了一批有文化的工人进行技术培训。公司建在距海口市30多公里的南渡江畔，这里没有繁华的街市，文化生活较贫乏，加之公司纪律严明，没有多久，这些来自城里的年轻人便不能适应这里的环境了。他们吊儿郎当，迟到、早退、擅自离岗现象严重；抽烟、喝酒、赌博，打架斗殴事件时有发生，公司的现代企业管理制度无法执行。面对这种局面，公司的决策者们清醒地认识到：企业要发展，人的素质是第一位的，有了先进的技术和设备，还要培养和造就一批高素质的现代企业管理人才和产业工人。他们决定投入巨资对员工进行强化培训。在当地政府和驻军部队的大力支持和协助下，创办了"椰风企业形象培训中心"，由部队派出最优秀的指导员任教官，并从国外聘请专家、教授进驻中心，对学员进行为期3个月的培训。公司以"合格一个、推荐一个、接受一个"为原则，从这里逐步吸收员工。在这里，学员除了进行全封闭的军事训练以外，还要接受爱国主义、人生观、道德观以及勤业、敬业教育，使学员树立起市场观念、竞争观念，养成吃苦耐劳的作风，发扬企业团体精神。如今，椰风企业形象培训中心已成了公司招聘、培养、考核人才的摇篮。从1992年到现在，椰风企业形象培训中心已培训20批学员，1500多人接受了培训，合格上岗的近1000人。

企业领导从创办椰风企业形象培训中心得到启发，于1993年6月又创办了饮料技术学校，对具有中学文化程度的员工进行系统的技术培训。学校开设食品加工技术、饮料专业、食品卫生及食品营销、广告、公共关系、财务会计等专业课程，聘请有关专家教授来讲课。他们还挑选优秀职员，送往国外学习先进的管理和生产技术。1993年10月，公司又创建了我国三资企业中第一支民兵预备役部队——椰风连，其成员作为企业的骨干，被安排到各部门的管理职位和重要岗位，发挥模范带头作用。他们以厂为家，节假日主动留守，维护企业安全。在饮料销售旺季，他们身先士卒，加班加点。

海南椰风食品饮料工业公司不仅通过椰风企业形象培训中心——饮料技术学校——椰风连这种独特的教育与锻炼方法重视对人的素质的培养，还通过对人的尊重、理解和关心来调动起广大员工的积极性。3年中，公司投资7000多万元解决了员工的住房问题，并给每个员工的宿舍都安装了空调。逢年过节、职工婚丧嫁娶、生孩子，企业都给予补贴。员工的医疗费、子女从幼儿园到高中的全部费用，也完全由企业承担。家在农村的职工被评为先进，企业派出电影队带上饮料、奖状和奖金，敲锣打鼓到职工所在家乡送喜报，给受奖的员工和他的父母亲戴上大红花，晚上还给全村放电影，放映前向全村老少广播受奖员工立功的事迹，真是一人受奖全村光荣。

如今，你走进海南椰风食品饮料工业城，一张张年轻、充满朝气的脸，身着印有红绿白三色企业标志的服装，热情大方，文明礼貌，纪律严明，训练有素的员工成了企业的一道风景线。在他们身上，你能感受到一种昂扬向上的勃勃生气。

海南是热带水果的王国，资源条件得天独厚，具有广阔的发展前景。创业之初，椰风的决策者们经过缜密的调查、分析，认为纯天然、健康型果汁是当今世界流行趋势，而酸性饮料芒果汁无需进口原料，在众多饮品中具有强大的竞争力。于是，他们果断地选择芒果汁作为主要产品。大量产品很快打开市场，受到消费者青睐，证明他们的选择是对的。公司董事长刘扬武更是认准了高起点才是我国现代工业的发展之路。3年内，先后引进了8条制罐生产线，建成制罐厂；引进7条制盖生产线，建成制盖厂；引进5条饮料生产线，建成饮料厂。此外，还引进英国、德国最先进的彩印生产线3条，建成金属彩印厂，实现自己印刷生产马口铁罐，结束了我国全部靠进口的历史，并满足了内地和海南饮料厂家对彩印制罐的订货要求，形成了年产饮料50万吨、产值30亿元的规模。开发出了椰风芒果汁系列、挡不住三合一系列、绿花系列等36个名贵饮品，创造了一流的发展速度和工作效率。

在产品的销售上，椰风决策者们更是一改传统的模式，用销售额的10%在全国建立起东北、西北、华北、华东、中南、西南六大市场。国内各省市建有18家分公司和13家办事处，国内和港、澳、台有1000多个直销店。庞大的营销网络这一独特的椰风营销系统，减少了流通环节，降低了销售成本。

"椰风挡不住"的广告可谓世人皆知。1992年他们投入广告费2500万元；1993年，投入3500万元；1994年、1995年，椰风投入的广告费用分别高达4300万元、5200万元。1994年11月，椰风又以2180万元的高价，在中央电视台第一次举办的黄金段广告对外公开招标中中标，成为海南几十年来第一家在中央电视台黄金时间做广告的企业。

正是因为椰风以独特的眼光，紧盯人才培养，才拥有了一批高质量人才，才使"椰风挡不住"。

巧用人才 "美洲虎"雄威勃发

人才对企业的生存和发展很重要，有时甚至一个优秀的人才，可以挽救一个企业。

"美洲虎"是深受英国人钟爱的名牌轿车，在20世纪50年代，它曾享有很好的声誉。但到了70年代末，普遍流传着一个笑话：你如果有一辆美洲虎牌车子，就必须再准备一辆这样的车，这样才能凑够零件使其中的一辆跑起来。可见美洲虎汽车的形象已经差到何等地步。

在连换了六任总经理后，终于来了一位精明强干的总经理，这人叫约翰·伊根，他拯救了这只垂死的"美洲虎"，使它重新站起来，并参与国际市场的竞争。伊根本人也因此成了大富翁。

约翰·伊根毕业于英国皇家地质学院石油工程系。他之所以选择了这个专业，是因为他得知，这个学院橄榄球运动搞得好，他喜欢这项运动。

毕业后，他进入巴林石油公司工作，负责由阿拉伯人组成的石油开采队伍。他在那里一待就是5年，积累了相当丰富的管理经验。随后，他离开公司，去伦敦商学院读硕士生。

1968年，他获得硕士证书后，在大不列颠通用汽车公司财务主管手下任职。

通用汽车公司的财务制度给伊根留下了极为深刻的印象。作为制造德尔科自动控制零件的生产部主任，伊根有效地将这个部门建成了一个独立的组织，有自己的销售系统，并竭尽全力使它成为一个高利润的部门。对他而言，这是一段难得的经历，他借此了解了生产，也了解了市场。

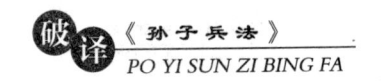

伊根在德尔科自动控制零件部门的成功吸引了英国兰利汽车公司的一个分部的财务负责人约翰·巴伯的目光，他邀请伊根去兰利公司工作。伊根没有拒绝，他早就想为英国的公司工作，以此检测自己的能力。

他来到兰利汽车公司之后不久，就发现这个公司在战略措施上存在不少漏洞。他便利用一切机会把他在通用汽车公司学来的那些知识应用于管理实践中，终于使之成为整个公司创利最高的部门，成为公司的一张王牌。他也因此被提升为总公司配件服务部主任，下属部门大约有1万人。

1966年，英国政府实施"赖德计划"，要创建一个在国际上具有竞争力的大型统一汽车生产集团。但这个计划对兰利汽车公司来说却是一场灾难。美洲虎汽车公司就是这时与兰利汽车公司合并的。合并以后，成为兰利汽车公司下面的一个子公司。但公司上层管理混乱，产品质量明显下降，伊根负责的这个部门所创的利润都被其他部门消耗掉了。

1976年，伊根怀着沮丧的心情黯然离开了兰利公司，又去了一家美国公司工作，担任这个公司销售部主任兼欧洲业务协调人。

1980年上半年，当美洲虎汽车公司濒临倒闭的边缘时，兰利公司新任董事长迈克尔·爱德华兹找到伊根，问他是否愿意担任美洲虎公司总经理。他十分清楚，如果他答应的话，那么，他就将成为美洲虎公司的第七任总经理。

成为美洲虎公司第七任总经理的伊根带着对美洲虎汽车公司工人强烈的同情来到该公司，他第一个感觉就是到处都弥漫着一种灰色的消极情绪。他的到来就像是改革的催化剂，要做的第一件事就是着手提高生产力，增进汽车的可靠性。

伊根改革的第一个步骤是核查美洲虎汽车公司下属厂家的产品是否

合乎公司的标准。结果使他吃惊不小：汽车零部件中至少有150项缺陷，700种产品有60%的质量问题出在那些供应零件的厂家。

伊根对供应商们说："如果有福同享，那么有难也要同当，做不到这一点，谁也别想和我们签订供货合同。"他把达不到标准的产品一律退回去。这样持续一年，质量问题得到了解决。

第二个步骤，他发动了一场类似福音派新教会改革的运动，以激发公司员工恢复在前10年丢失的追求优质水平的信心。

伊根这样持续努力了两年，到1983年6月，销售量奇迹般地回升，社会上对美洲虎汽车的需求大增。伊根夸口说，"美洲虎"已经击败了本国的梅塞维斯和德国的拜尔汽车厂家的挑战。公司开始逐渐恢复元气，并重新雇用了数万名职工。

为了提高工人的技术水平，伊根创办了"开放学习中心"，让员工们用业余时间参加各种技术学习。重新站立起来的美洲虎汽车公司在股票市场上成了一个独立的公司。它的股票上市发行不到两年，就翻了两倍，成了华尔街最看好的英国股票之一。

在伊根接管美洲虎公司时，美洲虎汽车的销售网已基本瘫痪。他让所有的高级经理都走出去，重新建立起一个阵容强大的销售网。伊根使"美洲虎"终于又重振昔日的雄风，在欧美市场上销量直线上升。

约翰·伊根就像是捍卫英国国民尊严的一面旗帜。目前，美洲虎汽车公司就设备和产品质量而言，是英国同行中的领先者，它有实力与日本、德国、美国所生产的最好的汽车一争高下。

约翰·伊根的出现，无疑像给"美洲虎"注射了一剂强心针，使这个一度恹恹待毙的"美洲虎"，焕发了昔日的雄威。

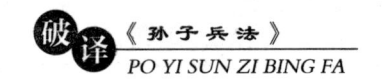

匪夷所思　曹沫用智

非常的方法，非常的手段，是败敌制胜的法宝。

齐桓公是春秋时期最先称霸的霸主。由于实力相当雄厚，齐桓公不断对外发起战争，扩大领土。公元前681年，齐国与鲁国多次交战，鲁国屡战屡败，鲁庄公只好割地求和，双方约定在柯（今山东阳谷东）地举行签约仪式。

鲁国有位大将姓曹，名沫。曹沫力大无比，又有智谋，对齐桓公以强凌弱的做法大为愤慨，但是，又奈何不了齐桓公，思来想去，决心乘鲁齐在柯地会盟之机，教训一下齐桓公。

齐桓公拥重兵到达柯地，曹沫作为鲁庄公的侍卫也参加了会盟仪式。仪式开始后，鲁庄公和齐桓公同时登上会盟仪式的"坛"，正在这时，曹沫突然跳到坛上，一手抓住齐桓公，一手拔出藏在战袍下的匕首，对准了齐桓公。齐桓公被这突如其来的袭击吓得面无人色，挣扎了几下，曹沫力大，齐桓公挣脱不了，只好战战兢兢问："你……你想干什么？"

曹沫道："你们齐国以强自恃，到处欺负我们小国，我们鲁国已经没有多少土地了，你还不放过，我现在只求你把齐国夺走的土地归还给鲁国，否则，我和你一起死在这里！"

齐桓公望着寒光闪闪的刀刃，说："这……好办，我答……答应就是。"

曹沫说："这样答应不行，你要当着坛下的贵宾和所有的人宣布，齐国归还鲁国的土地！"

这时坛下的齐国将士想上前营救齐桓公，但又害怕曹沫一匕首刺杀齐桓公，一个个束手无策。齐桓公迫于无奈，只好照着曹沫的话当众宣布归还鲁国的土地。

会盟仪式结束后，齐桓公灰溜溜地回到齐国，越想越感到有失体面，不但不准备把土地归还鲁国，还想起兵灭掉鲁国。相国管仲劝道："君子言必信，行必果，大王既然已经当众答应了鲁国，再兴兵伐鲁，岂不是失信于诸侯？这样做实在是因小失大！"

齐桓公对管仲言听计从，便把靠战争夺到的国土如数归还了鲁国。

曹沫用其大智大勇，为鲁国立下了汗马之功。

买一送一 托罗纳多"出嫁"

商战中以"奇"取胜的核心是开拓创新。只有靠灵活多样，出奇制胜的经营之术，才能在竞争中取胜。

美国康涅狄格州有一家叫雪佛莱—奥兹莫比尔的汽车厂，它的生意曾长期不振，工厂面临倒闭。该厂的总裁对本厂经营和生产进行了反思，总结出自己企业经营失败的原因是推销方式不灵活。最后他设计了一种大胆的推销方式，即"买一送一"。

新的推销手法是这样开始的：厂里积压了一批轿车，由于未能及时脱手，导致资金不能回笼，仓租利息负担沉重。该厂决定在全国主要报纸上刊登一则特别广告：谁买一辆托罗纳多牌轿车，就可以免费获得一辆南方牌轿车。

买一送一的做法，由来已久了。但一般的做法是免费赠送一些小额的商品，如买电剃须刀，送一支剃须膏；买录像机，送一盒录像带等等。这种施以顾客小恩小惠的推销方式，已使人们有点视而不见或麻木不仁了。

雪佛莱—奥兹莫比尔汽车厂的这种买一辆轿车赠送一辆轿车的超群出众的办法，一鸣惊人，使很多对广告习以为常的人也刮目相看，并相互转告。许多人看了广告以后，不辞远途而来看个究竟，该厂的经销部门原来很冷清，此后，一下子门庭若市了。

过去无人问津的积压轿车果真以2.15万美元一辆被人买走，该厂也一一兑现了广告所承诺的，凡是买一辆托罗纳多牌轿车者，免费赠送一辆崭新的南方牌轿车。如买主不要赠送的轿车，可返还4000多美元。

雪佛莱—奥兹莫比尔汽车厂实施这一招，虽然使每辆轿车少收入约5000美元，但却使积压的车子一售而空。事实上，这些车如果积压一年卖不出去，每辆车损失的利息和仓租、保养费也接近这个数目。

更重要的是，这一举动给工厂带来了源源不断的生意。它不但使托罗纳多牌轿车名声四扬，提高了知名度，增加了市场占有率，同时也推出了一个新牌子——南方牌。这种低档轿车开始时以"赠品"作为托罗纳多牌轿车的陪嫁，随着赠送多了，它慢慢地也有了名气。它确实是一种比较实惠的轻便型小轿车，造型小巧玲珑，价格便宜，很适合低收入阶层使用。这样，雪佛莱—奥兹莫比尔汽车厂起死回生了，生意从此兴隆发达起来。

"买一送一"是一条大胆的妙计，它使雪佛莱—奥兹莫比尔汽车厂走出了低谷，为我们开阔了视野。

第六篇
虚实篇
——真假错乱晃人眼

虚实交错，最容易让人眼花头晕，为此这一"兵法"，常被人利用。"虚"可不露声色，不露家底，不露实力，让人掉以轻心；"实"可显锋芒，显功夫，显力量，让人吓破了胆。如果以虚掩实，往往能置人于最绝望的心理折磨之中。此为《孙子兵法》"虚实篇"之精髓。

本篇导引

本篇主要讲述"以实击虚,避实击虚"的作战原则。

"兵无常势,水无常形",虚实也像"五行无常胜,四时无常位,日有短长,月有死生"一样,只有善于把握它的变化规律,才能变己之"虚"为"实",变敌之"实"为"虚",即使敌完全陷入"无所不备,无所不寡"的窘境,而自己则可以"出其所不趋","攻其所必救",从而以己之"实"击敌之"虚",真正实现"以实击虚,避实击虚"。

本篇主题词:避实而击虚、因敌而制胜

智慧之源

孙子曰:凡先处战地而待敌者佚,后处战地而趋战者劳。故善战者,致人而不致于人。能使敌人自至者,利之也;能使敌人不得至者,害之也。故敌佚能劳之,饱能饥之,安能动之。

出其所不趋,趋其所不意。行千里而不劳者,行于无人之地也;攻而必胜者,攻其所不守也;守而必固者,守其所不攻也。故善攻者,敌不知其所守;善守者,敌不知其所攻。微乎微乎,至于无形;神乎神乎,至于无声。故能为敌之司命。

进而不可御者,冲其虚也;退而不可追者,速而不可及也。故我欲战,敌虽高垒深沟,不得不与我战者,攻其所必救也;我不欲战,画地而守之，敌不得与我战者，乖其所之也。

故形人而我无形，则我专而敌分；我专为一，敌分为十，是以十攻其一也，则我众而敌寡；能以众击寡者，则吾之所与战者约矣。吾所与战之地不可知，不可知，则敌所备者多；敌所备者多，则吾所与战者寡矣。故备前则后寡，备后则前寡；备左则右寡，备右则左寡；无所不备，则无所不寡。寡者，备人者也；众者，使人备己者也。

故知战之地，知战之日，则可千里而会战；不知战地，不知战日，则左不能救右，右不能救左，前不能救后，后不能救前，而况远者数十里，近者数里乎？以吾度之，越人之兵虽多，亦奚益于胜败哉？故曰：胜可为也。敌虽众，可使无斗。

故策之而知得失之计，作之而知动静之理，形之而知死生之地，角之而知有余不足之处。故形兵之极，至于无形；无形，则深间不能窥，智者不能谋。因形而错胜于众，众不能知；人皆知我所以胜之形，而莫知吾所以制胜之形。故其战胜不复，而应形于无穷。

夫兵形象水，水之形，避高而趋下；兵之形，避实而击虚。水因地而制流，兵因敌而制胜。故兵无常势，水无常形；能因敌变化而取胜者，谓之神。故五行无常胜，四时无常位，日有长短，月有死生。

经典诠释

孙子说：凡先占据战场，等待敌人的就主动安逸，而后到达战场仓促应战的就疲惫被动。所以善于指挥作战的人，总是能够调动敌人而不被敌人所调动。能够使敌人自动进到我预定地域的，是用小利引诱的缘故；能够使敌人不能抵达其预定领域的，则是设置重重困难阻挠的缘故。敌人休整得好，就设法使它疲劳；敌人粮食充足，就设法使它饥饿；敌人驻扎安稳，就设法使它移动。

要出击敌人无法驰救的地方，要奔袭敌人未曾预料之处。行军千里而不劳累，是因为行进的是敌人没有防备的地区；进攻而必定能够取胜，是因为进攻的是敌人不曾防御的地点；防御而必能稳固，是因为扼守的是敌人无法攻取的地方。所以善于进攻的，能使敌人不知道该如何防守；善于防御的，能使敌人不知道该怎么进攻。微妙啊，微妙到看不出任何形迹！神奇啊，神奇到听不见丝毫声音！所以，我能够成为敌人命运的主宰。

前进而使敌人无法抵御的，是由于袭击敌人懈怠空虚的地方；撤退而使敌人不能追击的，是因为行动迅速而使得敌人追赶不及。所以我军要交战时，敌人即使高垒深沟也不得不出来与我交锋，这是因为我们攻击了敌人所必救的地方；我军不想交战时，驻扎一个地方防守，敌人也无法同我交锋，这是因为我们诱使敌人改变了进攻方向。

要使敌人显露真情而我军不露痕迹，这样，我军兵力就可以集中而敌人兵力却不得不分散。我们的兵力集中在一处，敌人的兵力分散在十处，这样，我们就能以十倍于敌的兵力去进攻敌人了，从而造成我众而敌寡的有利态势。能做到集中优势兵力攻击劣势的敌人，那么同我军正面交战的敌人也就有限了。我们所要进攻的地方敌人很难知道，既无从知道，那么他所需要防备的地方就多了；敌人防备的地方愈多，那么我们所要进攻的敌人就愈单薄。因此，防备了前面，后面的兵力就薄弱；防备了后面，前面的兵力就薄弱；防备了左边，右边的兵力就薄弱；防备了右边，左边的兵力就薄弱。处处加以防备，就处处兵力薄弱。兵力之所以薄弱，是因为处处分兵防备；兵力之所以充足，是因为迫使对方处处分兵防备。

所以，如能预知交战的地点，预知交战的时间，那么即使跋涉千里也可以去同敌人会战。不能预知在什么地方打，不能预知在什么时间打，那么就会导致左翼救不了右翼，右翼救不了左翼，前面不能救后面，后面不能救前面的情况，何况想要在远达数十里，近在数里的范围内做到应付自如呢？依我分析，越国的军队虽多，但对于决定战争的胜负又有什么补益呢？所以说，胜利是可以造成的，敌军虽多，可以使它无法同我较量。

所以要通过认真的筹算，来分析敌人作战计划的优劣和得失；要通过挑动敌人，来了解敌人的活动规律；要通过佯动示形，来试探敌人生死命脉的所在；要通过小型交锋，来了解敌人兵力的虚实强弱。所以佯动示形进入最高的境界，就再也看不出什么痕迹。看不出形迹，那么，即使是深藏的间谍也窥察不了底细，老谋深算的敌人也想不出对策。根据敌情变化而灵活运用战术，即便把胜利摆放在众人面前，众人仍然不能看出其中的奥妙。人们只能知道我用来战胜敌人的办法，但却无从知道我是怎样运用这些办法出奇制胜的。所以每一次胜利，都不是简单的重复，而是适应不同的情况，变化无穷。

用兵的规律就像流水，流水的属性，是避开高处而流向低处；作战的规律是避开敌人的坚实之处而攻击敌之弱点。水因地形的高低而制约其流向，作战则根据不同的敌情而制定取胜的策略。所以，用兵打仗没有固定刻板的态势，正如水的流动不曾有一成不变的形态一样。能够根

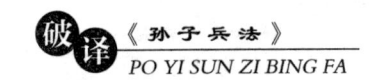

据敌情变化而灵活机动取胜的，就可叫做用兵如神。五行相生相克没有固定的常胜，四季轮流更替也没有哪个季节固定不变，白天有长有短，月亮也有圆有缺。

现代释用

事物有强有弱；弱者有强的方面，强者也有弱的方面。如果以强者对弱者，结果可想而知；如果以弱者之强对强者之弱，情况自会大为改观。这也说明了一个道理，"避实击虚"，必将取胜。当然，强者也可以利用弱者的弱点，一击而就。

在商品社会中，"实"和"虚"表现在饱和与需求、密集与稀疏、优质与平庸、先进与落后、昂贵与价廉、充足与短缺、知名与无名、灵活与呆板、新潮与旧式等方面。"避实击虚"要从市场调查入手，了解市场的消费结构、消费趋势、消费变化、消费心理以及竞争对手的商品信誉、销售手段、商品价格、市场覆盖面等。然后，以自己的质量优良击败对方的质量低劣，以自己新潮样式击败对方落后样式，以自己品种、花色齐全击败对方单一、短缺，等等。总之，"避实击虚"是要尽量避开对方长处，而以己之长击其短，也就是"以实击虚"。

"以实击虚"，大有妙用，可以应用于生活的各个方面，从而使生活更加绚丽多彩。

竞争中，双方都在千方百计地示假隐真，真正的企图和外部表象有很大的差异，领导者一定要先准确地判断对方的虚实布局，知其长短，以便有针对地做出调整，制定符合客观规律的策略，而后付诸实施，达到制胜的目的。

利而诱之　商战无敌

"利而诱之"是商战必胜的法宝。俗话说，"无利不起早"，正是这个道理。

顾客是商业活动的主体，而顾客所好是多方面的。

1. 求实心理。实用和方便，强调商品的质量和实际效用，讲求适用、耐用、使用方便，并有良好的售后服务。

2. 求安全心理。要求使用时保障安全，特别是药品、洗涤、卫生、电器、交通工具等。

3. 求廉心理。即选价心理，要求经济实惠、物美价廉。

4. 求新心理。追求商品的时尚和新颖，外观质量、品种、样式、款式等出新。

5. 爱美心理。利于美化人们生活，具体是千差万别的商品。

6. 慕名心理。喜爱名牌产品，信服名牌货。

7. 仿效心理。对耐用消费品同别人保持同一步调的趋势，购买别人已拥有的同类产品。

8. 侥幸心理。贪利思想驱使，想花小钱得大利。如"有奖销售"中奖有小轿车、摩托车、彩电等。

消费者的购买心理，对于生产者、销售者的经营具有相当大的影响。经营者应研究这些，为满足顾客要求，为受到他们的欢迎，要运用策略，投其所好，吸引更多的顾客，从而提高自己的竞争能力。

日本有一家普拉斯公司，专营纸张、文具、图钉、回形针、尺子等文教小用品。开始经营不景气，濒临倒闭破产。后来仔细对购物者进行观察分析，发现购买者来购货，不是仅买一件，而是三五件一齐买，便想出了一个新颖的经营点子——文具组合，将文具及剪刀、透明胶带、小卷尺、塑料尺、小订书机、合成浆糊等，放进一个设计精巧、轻便易带的盒子里，盒子外表则印上色彩鲜艳和形象生动的图画。这一改造，其实只在包装的盒子上。因其迎合了中小学生的需要，也受到了机关及各界员工们的普遍欢迎。所以一经上市，很快就成为热门商品。上市的第一年，就销售了300多万盒，获得了意想不到的巨额利润。之后又进行了改进，向高档化、立体化发展，在盒子里安上电子表、温度计等，使它更臻完美，外形更精美、多样化，使其风行全球，普拉斯也就成了名牌商号。

"利而诱之"，在经营中就是"投其所好"，关键在于对消费者的购买心理仔细研究，认真分析，把自己置身于顾客的角度，想顾客之所想，求顾客之所求，从而追求适销对路的产品，探求最佳的经营方式和服务方式，以满足各类顾客的需求。

只有这样，才会商战无敌。

"形人"策略　商战必需

在商业经营中，为了征服顾客，就应当真正了解顾客需要，这也是一个"形人"问题。当你准备上一种新产品的时候，成功的企业家都懂得最好先到市场上了解一下消费者的看法，如果顾客对这种产品由衷赞赏，你可以不失时机地投入生产；如果顾客尚在犹豫观望，你不妨暂时等待一下，切莫盲目上马造成产品积压。这要通过"形人"，摸清顾客的想法。

20世纪80年代以来，国产自动洗衣机在许多厂家相继问世。杭州洗衣机总厂也跃跃欲试。在确定是否生产、生产多少自动洗衣机之前，厂销售科人员分赴许多商店进行了现场"调查"。在一家专业家用电器商店，全自动的、半自动的、单缸的、双缸的、进口的、国产的十几种洗衣机样品依次排列着，顾客在这儿拥挤不堪，各自评说着。这个说："全自动的价钱太贵了，1328元！买台双缸机，还能再买台双卡收录机哩！能买两样的钱只能买一样，太不值了。"那个说："现在自动化的产品技术不过关，越自动化的东西越容易坏，还不如先买双缸，等几年技术过关了，我们再更新。"其他商店，也得到了同样的信息。于是，杭州洗衣机总厂果断拍板：自动洗衣机暂不上马。但是，仍然集中人力攻关，力求降低成本，提高技术。杭州洗衣机这种决策，来自其他竞争厂家的"形"，他们在继续研制自动洗衣机的同时抓好双缸洗衣机的生产，保证了质量和效益，避免了盲目上自动洗衣机带来的困难。

杭州洗衣机用"形人"策略，实现了自身利益，证明了"形人"策略的重要，它是商战所必需的。

以退为进　灵活行商

为了求得长远或更大利益，暂时放弃眼前小利，就是"以退为进"，只有这样灵活经营，才能自由驰骋于商海之中。

雀巢公司为了将系列低卡路里冷冻食品之一的"瘦熟肉"打入西欧市场，不惜花高价从加拿大进口大部分原料，而且要支付高额关税。这是"退"。原料之一的加利福尼亚花茎甘蓝，在欧洲市场根本买不到，雀巢公司便雇请农民在西班牙种植，更是远"退"。公司经理表示为了使"瘦熟肉"在西欧市场立足，公司宁愿经受4年严重亏损这是困难地"退"。1985年，"瘦熟肉"进入欧洲第一站——英国市场，正合英国人口味，尽管价格较贵，还是大受欢迎。1989年销售额为1亿美元，利润相当可观。雀巢公司现已拥有英国冷冻食品市场的33%，在欧洲其他市场销售也不错——达到了"退"的目的。

江苏省常熟不锈钢制品厂生产的不锈钢制品属现代高档生活用品，在欧美已流行，但当时在国内才刚露头角，目前销售需求仅为生产能力的70%。如果企业开拓国际市场，虽然有利于企业生产，但利润较薄。该厂权衡利弊，决定眼前让利退，花钱买机遇，创造美好前景。该厂采取现代化生产工艺和管理方式，产品质量不断提高，使企业在出口和进口两方面都赢得了宝贵的发展时机和行业中的领先地位。

在商业谈判中，以退出谈判胁迫对方作出让步，可以采取"走为上策"的策略。在商业谈判中，有时双方条件相当，谈判很成功。而有时对方要价太高，条件苛刻，使己方难以接受。此时，如果无休止地纠缠下去，势必闹得更僵而毫无结果。但己方中止谈判，撤身而"退"，则可另辟新路，找到解决僵局的办法。中途撤身而退，一方面可以结束谈判中无休止的纠缠，让双方都能冷静地考虑问题；另一方面，让条件苛刻的对方感到如不答应某些条件就会有谈判破裂的危险达不到目的，为了他的自身利益，也会接受己方某些条件。

实行"以退为进"的策略，会增加回旋的余地，最终获取最大利益。

以实击虚　小布贩出尽风头

只要能领导市场潮流，就能在市场上占一席之地。

美国百华公司的总经理路华德，可以称为推销方面的天才。

在路华德还是一个小布贩，还没有进百华公司之前，发生的一件事很能表现他的这一才能。

有一天，百华公司的老板萨耶回家，看到妻子买了一块新布料。萨耶心中不高兴，说："这种布料我们自家店里面有的是，从去年上市以来，一直卖不出去，你买它干吗！"

妻子却任性地答道："料子虽然不算太好，但花色却很流行。卖布的人告诉我说，今年的州游园会上，这种花色将会是最流行的，像社交界名流瑞尔夫人和泰姬夫人在今年的游园会上都会穿这种衣服的。布贩只告诉了我一个人，并告诉我不要把这个消息泄露出去。"

那个布贩就是聪明的路华德了。

果然，游园会那天，全场的妇女当中，只有那两名贵妇和少数几个妇女穿那种花色的衣服。萨耶太太也是其中之一，真是喜形于色，出尽风头。游园结束时，很多妇女拿着通知单，上面写着：瑞尔夫人和泰姬夫人所穿的新布料，本店有售。

这就是路华德的计谋。他懂得妇女的一窝蜂心理，只要能让贵妇们穿上他的布料，那么他就掌握了市场上的主动权。因为这些贵妇是当地的时装向导，只要她们一穿，其他的女人都会跟着她们学，那他的布料就会成为抢手货。在游园会开始之前，他就将这种布料大批购回店中。

游园结束的第二天，路华德的店铺万头攒动，人群拥挤，人们争先恐后地抢购。路华德进一步采用匮乏战术来激起购买欲，他在门前贴了一大张纸：衣料售完，明天进货。那些抢购的人，唯恐第二天买不到，很多人预付了定钱。

路华德就是这样施妙计掌握了市场主动权，避免只是被动地回应市场。他的这一才华被百华公司所赏识，在路华德加盟的10年中，百华营业额增加了600倍。归纳其成功原因，就在于路华德是市场的主人。

就一般的领导者而言，市场需要什么，顾客需要什么，就领导生产什么，就销售什么。但路化德却恰恰相反，他总是掌握市场的主动权，因而出尽风头。

第七篇

军争篇

——绝不能失去主动权

"争"字充满火药味。争什么？答案不一。但有一点却是明确的，即不能失去主动权。丢掉主动权，意味着被动挨打。当然，争不是硬争、蛮争，而是巧争、暗争。这是善争之道。做到这一点，需要的不是理论，而是实战。此为《孙子兵法》"军争篇"之精髓。

本篇导引

本篇主要讲述了"以迂为直"的作战原则和用兵的法则。

"迂直之计"利害兼具。"举军而争利,则不及;委军而争利,则辎重捐。"为了解决"举军而争利""委军而争利"的弊端,就要行动迅速,不能只顾轻装而丢弃重装备。否则,就会遭灭顶之灾。为此,"不知诸侯谋者,不能豫交;不知山林、险阻、沮泽之形者,不能行军;不用乡导者,不能得地利。"

用兵的八大法则是:高陵勿向,背丘勿逆,佯北勿从,锐卒勿攻,饵兵勿食,归师勿遏,围师必阙,穷寇勿迫。

本篇主题词:以迂为直、避其锐气、击其惰归

智慧之源

孙子曰:凡用兵之法,将受命于君,合军聚众,交和而舍,莫难于军争。军争之难者,以迂为直,以患为利。故迂其途而诱之以利,后人发,先人至,此知迂直之计者也。

故军争为利,军争为危。举军而争利则不及,委军而争利则辎重捐。是故卷甲而趋,日夜不处,倍道兼行,百里而争利,则擒三将军,劲者先,疲者后,其法十一而至;五十里而争利,则蹶上将军,其法半至;三十里而争利,则三分之二至。是故军无辎重则亡,无粮食则亡,无委

积则亡。

故不知诸侯之谋者，不能豫交；不知山林、险阻、沮泽之形者，不能行军；不用乡导者，不能得地利。故兵以诈立，以利动，以分合为变者也。故其疾如风，其徐如林，侵掠如火，不动如山，难知如阴，动如雷震。掠乡分众，廓地分利，悬权而动。先知迂直之计者胜，此军争之法也。《军政》曰："言不相闻，故为金鼓；视不相见，故为旌旗。"夫金鼓、旌旗者，所以一人之耳目也。人既专一，则勇者不得独进，怯者不得独退，此用众之法也。故夜战多火鼓，昼战多旌旗，所以变人之耳目也。

故三军可夺气，将军可夺心。是故朝气锐，昼气惰，暮气归。故善用兵者，避其锐气，击其惰归，此治气者也。以治待乱，以静待哗，此治心者也。以近待远，以佚待劳，以饱待饥，此治力者也。无邀正正之旗，勿击堂堂之阵，此治变者也。故用兵之法：高陵勿向，背丘勿逆，佯北勿从，锐卒勿攻，饵兵勿食，归师勿遏，围师必阙，穷寇勿迫，此用兵之法也。

经典诠释

孙子说，大凡用兵的法则，将帅接受国君的命令，从征集民众、组织军队直到同敌人对阵，在这中间没有比争夺制胜条件更为困难的了。而争夺制胜条件最困难的地方，在于要把迂回的弯路变为直路，要把不利转化为有利。同时，要使敌人的近直之利变为迂远之患，并用小利引诱敌人。这样就能比敌人后出动而先抵达必争的战略要地。这就是掌握

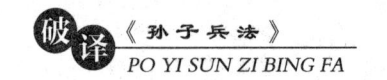

了以迂为直的方法。

军争既有顺利的一面，同时也有危险的一面。如果全军携带所有的辎重去争利，就无法按时抵达预定地域；如果丢下部分军队去争利，辎重装备就会损失。因此卷甲疾进，日夜兼程，走上百里路去争利，那么三军的将领就可能被敌所俘，健壮的士卒先到，疲弱的士卒掉队，结果是只会有十分之一的兵力到位。走五十里去争利，就会损折前军的主将，只有一半的兵力能够到位。走上三十里路去争利，也依然只有三分之二的兵力能赶到。须知军队没有辎重就会失败，没有粮食就不能生存，没有物资储备就难以为继。

所以，不了解诸侯列国的战略意图，不能与其结交；不熟悉山林、险阻、沼泽的地形，不能行军；不利用向导，便不能得到地利。所以用兵打仗必须依靠诡诈多变来争取成功，依据是否有利来决定自己的行动，按照分散或集中兵力的方式来变换战术。所以，军队行动迅速时就像疾风骤起，行动舒缓时就像林木森然不乱，攻击敌人时像烈火，实施防御时像山岳，隐蔽时如同浓云遮蔽日月，冲锋时如迅雷不及掩耳。分遣兵众，掳掠敌方的乡邑；分兵扼守要地，扩展自己的领土；权衡利害关系，然后相机行动。懂得以迂为直方法的将帅就能取得胜利，这是争夺制胜条件的原则。

《军政》里说道："语言指挥不能听到，所以设置金鼓；动作指挥不能看见，所以设置旌旗。"这些金鼓、旌旗是用来统一军队上下的视听的。全军上下既然一致，那么，勇敢的士兵就不能单独冒进，怯懦的士兵也不敢单独后退了。这就是指挥大部队作战的方法。所以夜间作战多用火光、锣鼓，白昼作战多用旌旗。这都是出于适应士卒耳目视听的需要。

对于敌人的军队，可以使其士气低落；对于敌军的将帅，可以使其决心动摇。军队刚投入战斗时士气饱满；过了一段时间，士气就逐渐懈怠；到了最后，士气就完全衰竭了。所以善于用兵的人，总是先避开敌人初来时的锐气，进而等到敌人士气懈怠衰竭时再去打击它，这是掌握运用军队士气的方法。用自己的严整有序来对付敌人的混乱，用自己的镇静来对付敌人的轻躁，这是掌握将帅心理的手段。用自己部队接近的战场来对付远道而来的敌人，用自己部队的安逸休整来对付疲于奔命的敌人，用自己部队的粮饷充足来对付饥饿不堪的敌人，这是把握军队战斗力的秘诀，不要去拦击旗帜整齐的敌人。不要去进攻阵容雄壮的敌人。这是掌握灵活机变的原则。

用兵的法则是：敌人占领山地就不要去仰攻，敌人背靠高地就不要正面迎击，敌人假装败退就不要跟踪追击，敌人的精锐不要去攻击，敌人的诱兵不要加以理睬，对退回本国途中的敌军不要正面遭遇，包围敌人时要留出缺口，对陷入绝境的敌人不要过分逼迫。这些都是用兵的法则。

现代释用

任何事物的发展都不是一帆风顺的。经过曲曲折折，总能到终点，这里涉及"迂"与"直"的问题。如果要登山，从山脚直往山顶，可为捷径，但颇为艰难；如果你绕山而行，也可到达山顶，只是颇为费时。直接登山，可能葬身深谷，永远无法到达终点；绕山而行，可保平安，到达终点且不成问题。以生命的宝贵，似乎绕山而行，颇为可取。这就是"以迂为直"。

在商品社会中，"以迂为直"经常可以取得意想不到的成功。

"以迂为直"就是去争夺天时、地利，去争夺取胜的基本条件，为主动权的掌握创造条件。而有了主动权，就有了胜利的希望。"以迂为直"对于各行各业而言，都不失为制胜的法宝。

领导在进行决策时，必须既知其利，又知其危，即要全面地看问题；要看到迂和直、患和利在一定条件下可以互相转化，善于以迂为直，以患为利；既要掌握一般的操作原则，看到矛盾的普遍性，又要善于"治变"，即把握矛盾的特殊性。

危机并非都是坏事，它能给人以动力；安稳并非都是好事，它会使人产生惰性。有胆略的领导者有时也会有意制造危机感，以加强本单位的凝聚力，调动职工的积极性。

以退为进　晋文公称霸

春秋时期，晋国公子重耳逃亡在楚国时，楚王设宴款待他。酒过三巡，楚王乘酒兴对重耳说："有朝一日，公子返回晋国，将如何报答我？"

重耳想了想，回答道："如果托大王洪福，我真的能够回晋为君，我一定让晋国与楚国友好相处。如果迫不得已，两国不幸交战，我一定下命令让我国军队退避三舍（一舍合30里）以报大王恩德。"

第七篇 军争篇
——绝不能失去主动权

4年之后，重耳返回晋国，当了国君，史称晋文公。晋文公励精图治，选贤任能，几年后就使晋国强大起来。接着他又建立起三军，命先轸、狐毛、狐偃等人分任三军元帅，准备征战，以称霸中原。

晋国日益强大，南方的楚国也日益强盛。公元前633年，楚国联合陈、蔡等4个小国向宋国发起攻击。宋国向晋求援，晋文公亲率三军增援宋国。

楚军统帅成得臣是个骄傲狂暴的人。晋文公深知成得臣的脾气，决心先激怒他，然后消灭他。成得臣急于寻找战机，晋文公就设计暂不与他交锋。当初与楚王宴饮，晋文公许诺如与楚军交战，一定退避三舍，这一次，晋文公信守诺言，连退三舍（90里），一直退到城濮这个地方才停下来。

其实，晋文公的后撤是早已计划好了的，可以一举三得：一是争取道义上的支持；二是避开强敌的锋芒，激怒成得臣；三是利用城濮的有利地形。

楚将斗勃劝阻成得臣道："晋文公以一国之君的身份退避我们，给了我们好大的面子，不如借此回师，也可以向楚王交代。不然，战斗还未开始，我们已经输了一场。"

成得臣说："气可鼓而不可泄。晋军撤退，锐气已失，正可乘胜追击！"于是，挥师直追90里。

晋、楚双方在城濮摆下战场，晋国兵力远不如楚国，因此，晋文公也有些担心。狐偃道："今日之战，势在必胜，胜则可以称霸诸侯；不胜，退回国内，有黄河天险阻挡，楚国也奈何不了我们！"晋文公因此坚定了决战和取胜的信心。

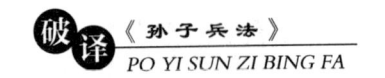

战斗开始后，晋军下令佯作败退，楚军右军挥师追赶，一阵呐喊声中，胥臣率领战车冲出。胥臣所率战车驾车的马上都披着虎皮，楚军见了，惊惶地乱跑乱叫，胥臣乘机掩杀，楚右军一败涂地。

先轸见胥臣获胜，一面命人骑马拉着树枝向北奔跑，一面派人扮成楚军士兵向成得臣报告：右军已经获胜。成得臣远望晋军向北奔跑，又见烟尘滚滚，于是信以为真。

楚左军统帅斗宜申指挥楚军冲入晋军狐偃阵中，狐偃且战且退，把斗宜申引入埋伏圈，将楚军全歼。先轸故伎重演，又派人向成得臣报告：左军大胜，晋军败逃。

成得臣见左、右二军获胜，亲率中军杀入晋军中军之中。这时，先轸与胥臣、狐偃率晋军上军、下军前来助战，成得臣方知自己的左军、右军已经大败。成得臣拼命突围，又被晋将挡住去路，幸得晋文公及时发出命令，饶成得臣一死以报当年楚王厚待之恩，成得臣才得以逃回本国。

晋文公巧妙用计，经过城濮之战，一举成为"春秋五霸"之一。

明退暗进　哈勒尔巧胜实业

危机中也孕育着良机，将职工压抑已久的士气与斗志，干劲与才智激发出来，就可以战胜对手。

美国哈勒尔洗涤用品公司相对于享有"美国家用产品之王"美誉的实业公司来说，实在是微不足道。然而，哈勒尔洗涤用品公司的主管们非常明确地认识到,市场需求不是固定不变的,有时呈现出供不应求的局面,有时则表现出供大于求。这种供需关系的变化总是随着价值规律的作用而发生相应变化。在占有一定需求量的市场中,弱者只要看准机会,抓住强者在市场应变中所表现出的弱点,同样也会寻找到生存和发展的突破点。当然,寻找这样的机会需要充分认识自己竞争对手的优缺点,然后扬长避短,抓住机会进入对手已经占领的市场。

哈勒尔公司购买了"配方409"的喷液清洁剂专卖权。"配方409"是当时美国清洁剂用品的最新技术产品,这种清洁剂产品,既经济又实用,深受消费者的欢迎。哈勒尔公司购买了"配方409"的专卖权后,在迈阿密、亚特兰大等实业公司市场占有率相对较低的市场上大力推出自己的产品。

实业公司当然不会示弱。为了保持在受到哈勒尔进攻的市场上的优势,他们聚集人力、物力,并将丹佛市作为"新奇"牌喷液清洁剂的试销市场。

当哈勒尔公司得知实业公司将丹佛市作为"新奇"牌喷液清洁剂的试销市场后,马上采取了相应措施:他们开始并不把"配方409"从商店中直接撤走,而是逐渐停止供货,造成无货可供的假象。在这种情况下,实业公司在试销阶段取得了非常好的效果。销售十分看好的"新奇"牌喷液清洁剂使实业公司的主管们确认,只要继续推出"新奇"喷液清洁剂,他们就能保持市场上的绝对优势,彻底占领市场。

于是,实业公司不再犹豫,放开手脚,大量生产"新奇"喷液清洁剂。然而,在此关头,哈勒尔公司却领先一步,他们把16盎司装的清洁剂和半磅装的"配方409"一同以1.48元的优惠价格出售。开始时，实业公司还以为哈勒尔公司因承受不了市场竞争的压力而被迫进行削价倾销，但很快实业公司就发现，市场上的"配方409"已经拥有绝对优势的占有率。因为哈勒尔公司的策略使大部分消费者一次性购足了半年的用量。所以，当实业公司的"新奇"喷液清洁剂大量上市时，面对的当然是滞销的局面。

实业公司在假象上树立的信心很快被事实所摧毁，而在这一次较量中败了一阵。

哈勒尔公司通过对实业公司的深入了解，灵活机动地与实业公司进行正确交锋，以迂为直，终于开拓了一片新天地。

处逆不乱　鲁冠球走出困谷

领导者善于运用避锐击惰的强大威力，可以使企业起死回生。

万向集团的董事长鲁冠球，这位被《半月谈》杂志称为"从田野走向世界"的企业家，从三间破草房的铁匠铺起步，到现在已发展成为出口创汇1078万美元的公司老总，他成功的秘诀是什么呢？

我们从他的经营决策中，能够看到避锐击惰的影子来。

杭州万向节厂的前身——宁围农机厂，原来是一个只有职工7人的铁匠铺，产品有镰刀、锄头、轴承、铁耙、万向节等。在鲁冠球的经营下，虽然有所发展，成为主要生产万向节的乡镇企业，但在全国的汽车配件行业中，仍是一个默默无闻的小兄弟。激烈的市场竞争，常把鲁冠球弄得精疲力竭。

1979年，我国能源紧张，汽车生产缩减，汽车配件也受到波及。订货减少，使这个厂万向节产值直线下降。企业经营日趋困难，上级部门规劝这个厂转产自行车。但鲁冠球了解到自行车行业竞争更为激烈，自己家业小、底子薄，根本就没有能力与那些老牌大企业竞争。

出路何在？必须有拳头产品，企业才能打出天下。鲁冠球深知这一道理，并开始为此而奋斗。

进入20世纪80年代后，油田的开发，使能源紧张的矛盾有所缓和，而且公路运输也有很大的发展。报纸上国家对汽车货运指标的规定触动了鲁冠球的神经。他想：既然汽车运输有较大发展前景，那么汽车修理和汽车配件行业相应也会得到发展，万向节生产的市场状况将来一定会有所变化。

万向节的生产在当时为大国营厂所垄断，并且市场已经是供过于求。但鲁冠球了解到，进口汽车的万向节无人生产，原因是进口汽车型号多、批量小、工艺复杂、利润不多。进口汽车的万向节都是国家花外汇进口而来的。如果自己的厂子能够生产进口汽车的万向节，不仅能避开大厂的锐气，避开市场竞争的热点，摆脱企业当前的困境，而且还能为国家解决急需。

吃透这些情况后，鲁冠球从北京中汽公司拿到了生产万向节的指标。主攻方向确定后，全厂上下齐心协力，按照国内一流企业的技术标准集中精力搞技术改造，更新设备，制定新的工艺流程，提前生产出了合格的产品。

在半年后的全国汽车配件订货会上，这个厂首批生产的万向节被订购一空。几年的时间里，这个厂就发展成为全国生产万向节配件的三家重点厂家之一。

鲁冠球正是采用避锐击惰的方法，才使万向节厂走出困境。

避锐击惰　卡芬女士大获成功

有时候，势单力薄的一方，只有避开强大对手的优势，才有可能争得一定的生存空间；同时，由于外表弱小，选择方向无人问津，也容易给对手造成错觉，使对手忽略其真正的实力，从而打败对手。

法国是世界公认的时装王国。那里人才辈出，才华横溢的时装设计师比比皆是，要想在他们中间崭露头角可不是容易的事。享誉法国和世界的时装设计大师卡芬女士便是脱颖而出的幸运者，她成功的秘诀就在于"避锐击惰"。

在一般人的印象中，时装总是为那些个头高挑的女性设计的，而个子不高的妇女常常被忽略和遗忘，事实也大抵如此。当时没有哪一个服装设计师是专为矮人设计服装的。卡芬女士生活在领导世界时装潮流的国度里，对此有自身的感受。她从小就对服装有着浓厚的兴趣，并得到名师的指点，一直想开家服装店专卖自己设计的服装。但巴黎是时装的天下，竞争激烈，要有所发展非常困难。"专卖矮个妇女的时装"这一灵感激发了她，她决心用自己创造性的劳动，填补时装设计的空白，在时装王国里独树一帜。

"我的身高只有1.55米，在妇女中身材是比较矮的。"卡芬女士坦率地说，"年轻时看着时装展示会上那些长腿细腰的模特儿，我总在想，女性都爱美，美并不是高个子妇女的专利，个子不高的妇女也希望穿得漂漂亮亮，为什么没有人替她们设计时装呢？所以我选择了这一方向。"

1941年，经过精心筹备，卡芬在巴黎金字塔大街开设了自己的服装店。她在设计时根据矮个妇女的特点，注意扬长避短，例如从不过多地袒胸露肩，袖子也避免蓬松臃肿。整个时装的风格自然大方，线条明快，富于青春气息。她开店之时正是德国法西斯占领巴黎耀武扬威的时期，占领军对法国人做生意有许多限制，但卡芬服装店由于具有自己的特色，开业伊始便被许多身材不高的妇女光顾。1945年德国投降后，卡芬把服装店移至香榭丽舍大街，并首次挂出"卡芬公司"的牌子。从此她被人称为"卡芬女士"，以至真实姓名反倒被人淡忘了。

由于卡芬专为身材不高的女性设计时装，做工又十分考究，公司总是门庭若市。就连当时演艺界一些身材不高的女明星，如维拉·克卢佐、索菲·多米埃等人都纷纷要求卡芬女士为她们设计演出服装。

时至今日，卡芬女士回忆起50年前的往事，仍禁不住情绪激动，神采飞扬。她庆幸自己当时没有卷入同行的竞争当中，避开了他们的锐气，而选择了这个当时无人竞争的领域。这个正确的决策，为她带来了巨大的成功。

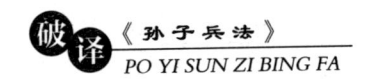

通过卡芬女士的成功，不难想象，只要选择好市场，创出特色，即使本来很弱小，也有"眉开眼笑"的一天。

第八篇
九变篇
——灵活应变，出手威猛

一个"变"字，概括了《孙子兵法》的主要绝招。显而易见，不变则亡，变则活。真正的成功者能变死路为活路，变绝境为希望。人世间有许多事，离不开这一个"变"字，一变则通，三变则活，九变则大成。此为《孙子兵法》"九变篇"之精髓。

本篇导引

本篇主要讲述了为将之道，用兵之法及将帅的险情。

"智者之虑，必杂于利害"，所以将帅必须全面地看问题，既要在有利的形势下看到不利的一面，又要在不利的条件下看到有利的一面，做到"有备无患"；同时还要见机行事、灵活处理各种情况，"涂有所不由，军有所不击，城有所不攻，地有所不争，君命有所不受"。从大局出发，对局部的无关紧要的目标，即使能"战而胜之"，也要坚决"不击"、"不攻"、"不争"。这样，才能无往而不利。

用兵的法则：无恃其不来，恃吾有以待也；无恃其不攻，恃吾有所不可攻也。

将帅的五种险情：必死，可杀也；必生，可虏也；忿怒，可侮也；廉洁，可辱也；爱民，可烦也。

本篇主题词：君命有所不受、杂于利害

智慧之源

孙子曰：凡用兵之法，将受命于君，合军聚众，圮地无舍，衢地交合，绝地无留，围地则谋，死地则战。涂有所不由，军有所不击，城有所不攻，地有所不争，君命有所不受。故将通于九变之利者，知用兵矣；将不通于九变之利者，虽知地形，不能得地之利矣。治兵不知九变之术，虽知五利，不能得人之用矣。

是故智者之虑，必杂于利害。杂于利而务可信也，杂于害而患可解也。

是故屈诸侯者以害，役诸侯者以业，趋诸侯者以利。

故用兵之法，无恃其不来，恃吾有以待也；无恃其不攻，恃吾有所不可攻也。

故将有五危：必死，可杀也；必生，可虏也；忿怒，可侮也；廉洁，可辱也；爱民，可烦也。凡此五者，将之过也，用兵之灾也。覆军杀将，必以五危，不可不察也。

经典诠释

孙子说：大凡用兵的法则是：将帅接受国君的命令，征集民众、组织军队，出征时在沼泽连绵的"圮地"上不可驻扎，在多国交界的"衢地"上应结交邻国，在"绝地"上不要停留，遇上"围地"要巧设奇谋，陷入"死地"要殊死战斗。有的道路不要去通行，有的敌军不要攻打，有的城邑不要攻取，有的地方不要争夺，国君有的命令不要执行。所以将帅如果能够精通各种机变的利弊，就是懂得用兵了。将帅如果不能精通各种机变的利弊，那么即使了解地形，也不能够得到地形之利。指挥军队而不知道各种机变的方法，那么即便知道"五利"，也是不能充分发挥军队的战斗力的。

所以，聪明的将帅考虑问题，必须充分认识到利害两个方面。在不利的情况下要看到有利的条件，事情便可顺利进行；在顺利情况下要看到不利的因素，祸患就能预先排除。

要用各国诸侯最厌恶的事情去伤害他，迫使他屈服；要用各国诸侯感到危险的事情去困扰他，迫使他听从我们的驱使；要用小利去引诱各国诸侯，迫使他被动奔走。

用兵的法则是，不要寄希望于敌人不来，而要依靠自己做好了充分的准备；不要寄希望于敌人不进攻，而要依靠自己拥有使敌人无法进攻的力量。

将帅有五种重大的险情：只知道死拼蛮干，就可能被诱杀；只顾贪生活命，就可能被俘虏；急躁易怒，就可能中敌人轻侮的奸计；一味廉洁好名，就可能入敌人污辱的圈套；不分情况"爱民"，就可能导致烦劳而不得安宁。以上五点，是将帅的过错，也是用兵的灾难。使军队遭到覆灭，将帅被敌擒杀，都一定是由这五种危险引起的，这不可不予以充分的重视。

现代释用

万事万物都处在变化之中，为了适应不断变化的情况，就不能墨守成规。所以，《孙子兵法》说："君命有所不受"，"杂于利害"，"无恃其不来，恃吾有以待也；无恃其不攻，恃吾有所不可攻也。"也就是说，要针对不断变化的情况，灵活处理，才能掌握主动，走向胜利。

在现代商战中，能做到"君命有所不受"，"杂于利害"，才能立于不败之地。

在一般情况下，利害总是相依相存。在许多情况下，利与害可以互相转化，害可以转化为利，利可以转化为害。领导者认清利害之间的关系，创造并利用利害关系的转机，就能趋利避害，指挥若定。

利与害同存一事物中，而且有时利与害的关系朦胧不清。领导要善于预见因果利害，使利的因素正常发展，使害的因素向利的因素转化。

麻痹大意　一代名将走麦城

领导者如果不能正确地预见因果利害，必然遭到惨败。

公元219年秋天，关羽用大水淹没了魏将于禁、庞德的7000人马，乘胜进攻曹仁把守的樊城。曹操闻报大惊，谋士司马懿献计道："孙权与刘备是明合暗不合，他早就想夺取荆州，只是没有机会。如果我们许诺把江南的土地让给他，再让他出兵攻击关羽的后方，樊城之危即可不战自解。"曹操派使者致函孙权，孙权贪利忘义，果然派大将陆逊、吕蒙偷袭关羽后方。

荆州位于魏、蜀、吴三国之间，是南北交通要道、兵家必争之地。赤壁大战后，曹操、刘备、孙权各自有荆州的一部分，其中刘备占有荆州的大部分，孙权出于联合刘备共同抗击曹操的需要，还把南部借给了刘备，因此，荆州实际上是在刘备控制之下。刘备入川后，荆州交由大将关羽镇守。

关羽远征樊城，对后方的东吴本来有所防备。东吴守将吕蒙为了麻痹关羽，故意借治病为名退回京都建业，而让名不见经传的青年将军陆逊接替自己。陆逊文武双全，到任后，立即派使者带着他的亲笔信和一

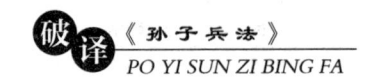

份厚礼去见关羽。陆逊在信中对关羽大加吹捧，对自己百倍贬损，并再三致意关羽多加关照，蜀、吴两家永世和好。关羽读罢书信，认为陆逊不过是个乳臭未干的书呆子，收下礼品，放声大笑，随后下令，把防范东吴的军队全部征调到樊城前线去了。

关羽攻取樊城，胜利在望，忽然得报孙权偷袭自己的后方，并且已攻取了公安、江陵等地，慌忙撤军，企图回师江陵。但吕蒙老奸巨猾，他攻占公安、江陵等地后，对蜀军家属加倍关照。蜀军将士得知家属平安，一个个均离关羽而去，投降了东吴。关羽回天乏力，败走麦城，被吕蒙设计斩杀，荆州从此落入东吴手中。

一代名将关羽因麻痹大意，疏于防范，而导致兵败、地失、身亡，其教训何等惨痛！

按兵不动　陆逊巧妙撤军

领导者如果能够正确地预见因果利害，就能大获全胜。

三国时期，诸葛亮在五出祁山前联合东吴同时攻魏。孙权派荆州牧陆逊和大将军诸葛瑾率水军向襄阳进攻，自己亲率10万大军进至合肥南边的巢湖口。魏明帝曹叡一面派兵迎击西蜀的军队，一面率大军突袭巢湖口，射杀吴军大将孙泰，击溃吴军。

诸葛瑾在途中听说孙权已经退兵，急忙派使者给陆逊送去信件，建议陆逊退兵。使者很快返回，告诉诸葛瑾：陆逊正在与部将下围棋，读罢信后，只把信件放在一边，又继续下棋去了。诸葛瑾又问陆逊部队的情况，使者回答说：陆逊的士兵们都在两岸忙着种豆种菜，对魏军的逼近并不在意。

诸葛瑾不放心，亲自坐船去见陆逊，对陆逊说："如今主公已经撤军，魏军必然全力以赴地来进攻我们，将军不知有何妙计？"

陆逊道："如今魏军占有绝对优势，又是携大胜之威，我军出战，绝难取胜，自然只有撤退一条路可走了。"

诸葛瑾道："既然要撤，为何还按兵不动？"

陆逊回答"敌强我弱，我军一退，敌人势必掩杀过来，那种混乱局面，不是我、你能控制得了的。我的想法是这样……"陆逊屏退左右，悄声说出了一条计策，诸葛瑾听后，赞叹不已。

诸葛瑾辞别后，陆逊从容地命令军队离船上岸，向襄阳进发，并大肆宣扬：不攻下襄阳，誓不回兵。

魏军听说陆逊已弃船上岸，向襄阳开来，立刻调集人马，准备在襄阳城外迎战吴军。一些将领对陆逊是否真的进攻提出质疑，但魏军统帅早已接到密探的报告，说陆逊的部队在两岸种豆种菜，毫无撤退之意，魏军因而统一了认识，全力备战，以给陆逊毁灭性的打击。

陆逊率大队人马向襄阳挺进，行至中途，突然下令停止前进，并改后队为前队，疾速向诸葛瑾的水军驻地撤退。诸葛瑾离开陆逊回到水军大营后，早已把撤退的船只准备妥当，陆逊的将士一登上船，一艘艘战船就满载将士们扬帆驶返江东。

魏军久等不见陆逊的影子，待发觉上当，挥师急追时，陆逊全部人马已平安撤走，魏军追至江边，只好望"江"兴叹。

陆逊巧妙预见盲目撤军的利害，结果，不损一兵一卒，全身而退。

施以"小利" 乔·吉拉德巧推销

生活中"小利"很多，哪怕仅仅是一张小卡片，一句问候，只要用得恰如其分，就有意想不到的收获。

乔·吉拉德被誉为世界上最伟大的推销员，他在 15 年中卖出 13001 辆汽车，并创下一年卖出 1425 辆（平均每天 4 辆）的纪录，这个成绩被收入《吉尼斯世界纪录大全》。那么你想知道他推销的秘密吗？他讲过这样一个故事：

记得有一次一位中年妇女走进我的展销室，说她想在这儿看看车打发一会儿时间。闲谈中，她告诉我她想买一辆白色的福特车，就像她表姐开的那辆，但对面福特车行的推销员让她过一小时后再去，所以她就先来这儿看看。她还说这是她送给自己的生日礼物："今天是我 55 岁生日。"

"生日快乐！夫人。"我一边说，一边请她进来随便看看，接着出去交代了一下。然后回来对她说："夫人，您喜欢白色车，既然您现在有时间，我给您介绍一下我们的双门式轿车——也是白色的。"

我们正谈着，女秘书走了进来，递给我一打玫瑰花。我把花送给那位妇女："祝您长寿，尊敬的夫人。"

显然她很受感动，眼眶都湿了。"已经很久没有人给我送礼物了。"她说，"刚才那位福特推销员一定是看我开了部旧车，以为我买不起新车，我刚要看车他却说要去收一笔款，于是我就上这儿来等他。其实我只是想要一辆白色车而已，只不过表姐的车是福特，所以我也想买福特。现在想想，不买福特也可以。"

最后她在我这儿买走了一辆雪佛莱,并写了一张全额支票,其实从头到尾我的言语中都没有劝她放弃福特而买雪佛莱的词句。只是因为她在这里感到受了重视,于是放弃了原来的打算,转而选择了我的产品。

施以"小利",是为人处世的一种好方法。但"小利"之中须饱含真诚。

疯狂减价　哈罗斯发展惊人

大多数消费者对商品的价格极为敏感,甚至超出了对商品质量与性能的关注。有效地利用这一消费心理,就可以创造无尽的财富。于是,价格大战开始了。

哈罗斯百货公司位于英国伦敦市中心海德公园一隅,是从一间杂货铺发展成为目前欧洲最大的百货公司的,已有150多年的历史。如今,这里是一幢共有5层楼的庞大建筑,总面积有12万多平方米。楼内设施一应俱全,其数量之多,令人惊讶。如该公司有12部扶手电梯、50部升降机,拥有2000部电话机。升降机和扶手电梯每年累计行走量约10万公里;而电话的使用量平均每天1万次,圣诞节前后则高达2万次。

哈罗斯公司取得这一辉煌业绩靠的就是"以利诱人"的办法,即"哈罗斯疯狂大减价",也就是在每年的圣诞节及新年前后,哈罗斯百货公司以出人意料的价格,实行所谓"疯狂大减价"。届时,慕名前来购物的顾客如潮水一般涌来。白天,如云的顾客摩肩接踵,挤得这里水泄不通;入夜,这里仍然万头攒动,人声鼎沸。如此盛况再加上商场四周悬挂着的闪闪发光的万盏灯火，真是风光十足。

哈罗斯的发展可谓是惊人的，而综观其经营管理的方方面面，最主要的手法就是"疯狂大减价"。其实这种做法在商界也是司空见惯的，每每到处可见诸多商店推出"大减价"、"不惜血本大酬宾"之类的手段以吸引顾客。然而像哈罗斯这样持之以恒，有规律又使人感到有利可图的大拍卖却不多见。其实，大减价、大拍卖、大酬宾仍然可以获得可观的利润，商店一旦声名远扬，树立了自己的形象，其效果是巨大的。

哈罗斯百货公司靠着持之以恒的"疯狂大减价"，为自己做了最好的广告，提高了它在广大消费者中间的知名度。这既扩大了销售额，又使自己闻名于世，令消费者向往，连英国女王每年也到这里购物。至于圣诞节及新年举行的大拍卖，更吸引了成千上万的欧美亚洲顾客。这里还有几个数字可以进一步证明哈罗斯百货公司营销策略的成功：该公司现有雇员6000人，每月付给他们的薪金要超过400万英镑；1850年该店的营业额是1000英镑，而时隔136年的1986年的营业额是3.1亿英镑！1986年1月8日这一天的营业额就达600万英镑！

哈罗斯舍小利为自己树立形象，吸引超额顾客，从而赢得了巨额利润。

第九篇
行军篇
——善于选择最佳路线

只低头走路的人,大多数会走到死路以后,才知道掉头。初看起来,这些人属于"踏实"一类,实则是不善于选择最佳线路,去走最短的距离,以便达到成功的目的地。因此,善于选择最佳路线是成功的保证。此为《孙子兵法》"行军篇"之精髓。

本篇导引

本篇主要讲述了军队驻扎原则、判断敌情原则及治军原则。

军队驻扎原则是：绝山依谷，视生处高，战隆无登。绝水必远水。客绝水而来，勿迎之于水内，令半济而击之；无附于水而迎客；视生处高，无迎水流。绝斥泽，惟亟去无留；若交军于斥泽之中，必依水草而背众树。平陆处易而右背高，前死后生。

判断敌情原则是：刚与敌人接触时，主要通过表面来观察判断；通过自然现象来判断；根据敌人的言行来判断；通过敌军调动情况来判断。

治军原则是：令之以文，齐之以武。

本篇主题词：半济而击、令之以文、齐之以武

智慧之源

孙子曰：凡处军、相敌：绝山依谷，视生处高，战隆无登，此处山之军也。绝水必远水；客绝水而来，勿迎之于水内，令半济而击之，利；欲战者，无附于水而迎客；视生处高，无迎水流，此处水上之军也。绝斥泽，惟亟去无留；若交军于斥泽之中，必依水草而背众树，此处斥泽之军也。平陆处易而右背高，前死后生，此处平陆之军也。凡此四军之利，黄帝之所以胜四帝也。

凡军好高而恶下，贵阳而贱阴，养生而处实，军无百疾，是谓必胜。

丘陵堤防，必处其阳而右背之。此兵之利，地之助也。上雨，水沫至，欲涉者，待其定也。凡地有绝涧、天井、天牢、天罗、天陷、天隙，必亟去之，勿近也。吾远之，敌近之；吾迎之，敌背之。军行有险阻、潢井、葭苇、山林、翳荟者，必谨复索之，此伏奸之所处也。敌近而静者，恃其险也；远而挑战者，欲人之进也；其所居易者，利也；众树动者，来也；众草多障者，疑也；鸟起者，伏也；兽骇者，覆也。尘高而锐者，车来也；卑而广者，徒来也；散而条达者，樵采也；少而往来者，营军也。辞卑而益备者，进也；辞强而进驱者，退也；轻车先出居其侧者，陈也；无约而请和者，谋也；奔走而陈兵车者，期也；半进半退者，诱也。杖而立者，饥也；汲而先饮者，渴也；见利而不进者，劳也。鸟集者，虚也；夜呼者，恐也；军扰者，将不重也；旌旗动者，乱也；吏怒者，倦也；粟马肉食，军无悬甀，不返其舍者，穷寇也。谆谆翕翕，徐与人言者，失众也；数赏者，窘也；数罚者，困也；先暴而后畏其众者，不精之至也；来委谢者，欲休息也。兵怒而相迎，久而不合，又不相去，必谨察之。

兵非益多也，惟无武进，足以并力、料敌、取人而已；夫惟无虑而易敌者，必擒于人。

卒未亲附而罚之则不服，不服则难用也；卒已亲附而罚不行，则不可用也。故令之以文，齐之以武，是谓必取。令素行以教其民，则民服；令不素行以教其民，则民不服。令素行者，与众相得也。

经典诠释

孙子说，凡是处置部署军队和观察判断敌情，都应该注意：通过山地，要靠近有水草的山谷，驻扎在居高向阳的地方，不要去仰攻敌人占领了的高地。这是在山地部署机动军队的原则。横渡江河，必须在远离江河处驻扎；敌人渡水来战，不要在江河中予以迎击，而要等它渡过一半时再进行攻击，这样才有利；如果要同敌人决战，不要紧挨水边布兵列阵；在江河地带驻扎，也应当居高向阳，不可面迎水流，这是在江河地带部署军队的原则。通过盐碱沼泽地带，那就一定要靠近水草并背靠树林，这是在盐碱沼泽地带部署军队的原则。在平原地带要占领平坦开阔地域，而侧翼则应倚托高地，做到前低后高，这是在平原地带部署部队的原则。以上四种军队部署原则运用带来的好处，正是黄帝之所以能战胜其他"四帝"的原因。

在一般情况下驻军，总是喜欢干燥的高地，厌恶潮湿的低地，重视向阳之处，轻视阴湿之地，靠近水草地区，军需供应充足，将士百病不生，这样，克敌制胜就有了保证。在丘陵堤防地域，必须占领朝阳的一面，而把主要侧翼背靠着它，这些对于用兵有利的措施，是利用地形作为辅助条件的。上游下雨涨水，洪水骤至，若想要涉水过河，得等待水流平稳后再过。凡是遇上绝涧、天井、天牢、天罗、天陷、天隙这六种地形，必须迅速离开，不要靠近。我军远远离开它们，而让敌人去接近它们；我军应面向它们，而让敌人去背靠它们。行军过程中如遇到有险峻的隘路、湖沼、水网、芦苇、山林和草木茂盛的地方，一定要谨慎地反复搜索，这些都是敌人可能设下伏兵和隐藏奸细的地方。

敌人逼近而保持安静的，是倚仗它占领着险要的地形；敌人离我很远而前来挑战的，是想引诱我军入其圈套；敌人之所以驻扎在平坦地带，是因为它这样做有利可图；许多树林摇曳摆动，这是敌人隐蔽前来；草

第九篇 行军篇
——善于选择最佳路线

丛中有许多遮障物,这是敌布疑阵;鸟雀惊飞,这是下面有伏兵;野兽骇奔,这是敌人大举突袭。尘土又高又尖,这是敌人的战车驰来;尘土低而宽广,这是敌人的步兵开来;尘土四散飞扬,这是敌人在砍伐柴薪;尘土稀薄而又时起时落,这是敌人正在结寨扎营。敌人的使者措辞谦卑却又在加紧战备的,这是想要进攻;敌人使者措辞强硬而军队又做出前进姿态的,这是准备撤退;敌人战车先出动,部署在侧翼的,这是在布列阵势;敌人尚未受挫而主动前来讲和的,必定是有阴谋;敌人急速奔跑并摆开兵车列阵的,是期待同我决战;敌人半进半退的,是企图引诱我军。敌兵倚着兵器站立,这是饥饿的表现;敌兵打水的人自己先喝,这是干渴缺水的表现;敌人明见有利而不进兵争夺,这是疲劳的表现;敌军营寨上方飞鸟集结,表明是座空营;敌人夜间惊慌叫喊,这是其恐惧的表现;敌营惊扰纷乱,这表明敌将没有威严;敌阵旗帜摇动不整齐,这说明敌人队伍已经混乱;敌人军官易怒烦躁,表明全军已经疲倦;用粮食喂马,杀牲口吃肉,收拾起炊具,不返回营寨,这是打算拼死突围的穷寇。敌将低声下气同部下讲话,这表明敌将失去人心;接连不断地犒赏士卒,这表明敌人已无计可施;反反复复地处罚部属,这表明敌军处境困难;敌方将领先对部下凶暴,后又害怕部下的,是最不精明的将领;敌人派遣使者前来送礼言好,这是敌人希冀休兵息战。敌人逞怒同我对阵,可是久不交锋而又不撤退,这就必须审慎地观察它的意图。

兵力并不在于愈多愈好,只要不轻敌冒进,而能做到集中兵力、判明敌情、取得部下的信任和支持,也就足够了。那种既无深谋远虑而又自恃轻敌的人,一定会被敌人所俘虏。

士卒还没有亲近依附就施行惩罚,那么他们就会不服,不服就难以使用；士卒已经亲附，而军纪军法仍得不到执行，那也无法用他们去作战。所以，要用怀柔宽仁的手段去教育他们，用军纪军法去管束规范他们，这样就必定会取得部下的敬畏和拥戴。平素能严格贯彻命令，管教士卒，士卒就会养成服从的习惯；平素不重视严格贯彻命令，管教士卒，士卒就会养成不服从的习惯；平时命令能够得到贯彻执行，这表明将帅同士卒之间相处融洽。

现代释用

企业要具有活力，关键在于内部机制的科学性，根本因素在于人，毕竟企业的各项任务的完成是靠人取得的。为了保障各项任务的完成，必须加强对人的管理和教育，不可想象，一群散漫、各行其是的人会创造出什么惊天地、泣鬼神的佳绩来。这就是《孙子兵法》所说的"令之以文，齐之以武"，只有这样，才能使企业永葆青春和活力。

对职工可以用严格的规章制度、赏罚分明的奖惩措施，以督促保证其完成生产任务。但这些手段还不足以充分调动职工的主动性、积极性和创造性，还必须"与众相得"。也就是说，要从培养职工对企业的感情、忠心入手，教育职工要培养以厂为家的良好习惯，自觉自主地为企业添砖加瓦。这样，全体职工就会团结如一人，各显所能，企业才会兴旺发达。

不仅企业生产如此，各行各业，莫不如是。

领导只有培养职工对企业的感情，使全体职工和睦一致，同心协力，才能共同走向胜利。这就是《孙子兵法》所说"令之以文，齐之以武"。

各种严格的规章制度，赏罚分明的奖惩措施，有利于各种任务的完成。但这些制度还不足以充分发挥职工的积极性、主动性和创造性。只有"令之以文，齐之以武"，从培养感情、忠心入手，才能使全体职工团结如一人，企业才会更兴盛。

依法治罪　明成祖一统天下

明成祖朱棣是明太祖朱元璋的第四子，他依法治天下，使国家逐步走向稳定，为明朝276年的天下奠定了基础。明成祖强调法治。一次，一名立有战功的将官触犯了刑法，刑部官员为将官说情，希望明成祖能"论功定罪"。明成祖批评刑部官员说："执法应该公正，赏罚应该分明。过去他有功，朝廷已经奖赏了他；如今他犯了法，那就该给他治罪。如果不治罪，那就是纵恶，纵恶如何能治理天下呢？不能'论功定罪'，而是要依法治罪。"

明成祖对外戚的约束很严，凡外戚"生事坏法"者都被处以死罪。有一次，太子的妻兄张旭放纵家僮，影响很坏。明成祖得知，亲自召见张旭，对张旭说："你是皇上的亲戚，最应该遵纪守法，否则，我要罪加一等来惩治你。如果不这样，大家都去欺凌百姓，天下怎么能治理好？请你当心！"

明成祖继承了父亲勤政的好作风，每天除了早朝之外，还有晚朝。明成祖认为早朝过于繁忙，没时间与大臣们交谈，早朝之后他就把六部尚书留下来，与他们促膝谈心，交换各种意见，制定相关的法律政策，然后推而广之。

明成祖认为人才是治国的栋梁，因此，不但三令五申地告诫吏部（任免官吏的机构）官员要把有才能的人选拔上来，而且指示吏部官员对人才要做到"人尽其才"，即充分发挥每一个人的特有才能。明成祖曾说过一段发人深省的话："君子敢直言，不怕丢官丢命，因为他是为国家着想；小人阿谀奉承，只想升官发财，因为他是为一己私利着想。"

为了把各地有才能的人选拔上来，朱棣诏令对全国各州县的官吏进行考核，以9年期限为满考核，对那些在满考核中政绩卓著的官吏除嘉奖之外，都留在京城六部中任职。

明成祖讨厌阿谀奉承，喜欢直言快语。为了鼓励大臣们说真话、说实话，明成祖不止一次对众大臣表白道："国家大事甚多，我一个人再有能力，也难免有忘记的和处理错的，希望大家发现我忘记了就提醒我，做错了就批评我，大家千万不要有所顾忌啊！"

一次，贵州布政司在奏折中写道：皇上的恩诏到达思南府，太岩山间都响起"万岁"的声响，这是皇上的威恩远加山川的灵验啊！一些大臣听了这段话都纷纷向明太祖祝贺。明太祖面现不悦，说："在山顶上呐喊，千山万谷都会回应，这本是很平常的事，你们想用阿谀奉承来讨我欢心，实在不是贤人君子的作为！"

明成祖在位22年，扩大了疆域，发展了经济，使天下得以大治。闻名于世的多达两万两千多卷的类书《永乐大典》，就是明成祖集全国3000多有名望的文人墨客编纂而成的。

赏罚不明　李从珂含恨自焚

五代后唐的李从珂从小就跟随唐明宗李嗣源南征北战，立下汗马功劳，被封为潞王。李嗣源死后，其子李从厚继位，史称闵帝。闵帝年纪小，朝政全由朱弘昭等人把持。朱弘昭将朝廷重臣贬的贬、黜的黜，李从珂难逃厄运，于是在凤翔（陕西凤翔县）起兵。朝廷闻报，立即派西都留守王思同领兵征讨。

凤翔城墙低矮不坚，护城河也很浅。王思同没费多少力气就连克凤翔东西关城，直逼凤翔城下。李从珂见形势危险，冒险登上城楼向城外将士呼喊道："我从小就跟随先帝出生入死，打下今天的江山，如今朝廷奸邪之人当道，挑拨我们骨肉之情，我有什么罪过，非要置我于死地呢？"说罢，声泪俱下。

王思同带来的兵将都曾跟随李从珂出征过，十分同情李从珂。羽林指挥使杨思权本来就跟朱弘昭不合，乘机大喊道："大相公（即李从珂）才是我们的真正主人啊！"率领自己的部队投降了李从珂。杨思权进入凤翔城，呈上一张白纸，要求李从珂在攻克京师后封他为节度使，李从珂当即在白纸上写下"思权可任邠宁节度使"九个字，把纸交还给杨思权。消息传到其他还在攻城的将士中间，步军左厢指挥使尹晖嚷道："杨思权已经入城受封了，我们还拼什么命啊？"将士们闻言，纷纷扔下兵器，要求归顺李从珂。王思同见大势已去，只好抛下军队逃命去了。

李从珂由败转胜，喜从天降，倾尽城中财物犒赏将士。李从珂又发布东进命令：凡攻入京都洛阳者，赏钱百缗（一千文为一缗），将士们欢声雷动。

王思同逃回洛阳，闵帝惊慌失措。侍卫亲军都指挥使康义诚率兵去征讨李从珂，结果全军投降了李从珂，引导李从珂杀入洛阳。在这种情况下，太后被迫下令废除闵帝，立潞王李从珂为皇帝。李从珂即位后，下诏打开库府犒赏将士以兑现出征时的诺言，哪知道库府空空如也，而犒赏所需费用高达50万缗。李从珂以各种手段搜刮民财，逼得老百姓上吊投井；又把宫廷中的各种器物，包括太后、太妃的簪珥都拿了出来，才勉强凑了20万缗，还缺五分之三。

端明殿学士李专美劝说李从珂道："国家的存亡在于修法度、立纲纪，如果一味犒赏，即使有无穷的财宝也填不满骄兵的欲壑。"

李从珂认为李专美言之有理，对士卒不再一味纵容，但他唯恐有乱，不敢从根本上修法度、立纲纪，对违法乱纪行为也是大事化小、小事化了，一味迁就。

李从珂即位后的第三年，河东节度使石敬瑭兴兵造反。由于李从珂治军不严，纲纪不明，派出去平叛的队伍一意孤行，降的降，逃的逃，通敌的通敌，石敬瑭长驱直入洛阳，李从珂含恨登楼，举火自焚，后唐从此灭亡。

相互信任　盖蒂事业蒸蒸日上

领导信任员工，员工信任领导，才能令出必行，目的自然实现。

保罗·盖蒂不到24岁就成为一个独立的石油经营者，并赚到了第一个百万美元。

第九篇　行军篇
——善于选择最佳路线

盖蒂的大部分时间都用在钻探上，他穿着满身油污的工作服与工人们吃在一起、干在一起，深得他的雇员们的信赖。

有一位老练的油田工人出现在盖蒂的钻井场地，提出要在盖蒂手下找一份工作。盖蒂知道他原在一家大公司工作，问他："那里的条件比我这里好多了，为什么非要到我这里来呢？"油田工人怒冲冲地说："我在那个钻井场已干了 5 个月，只钻了 1.2 千米！"

盖蒂笑了，问："那么，你认为要是由我来干，需要多少天才能钻这么深？"

油田工人回答："10 天！我敢打赌。这就是我为什么不愿在那边干的原因。"

这个油田工人后来成了盖蒂的骨干成员。

盖蒂坚持认为："伙计与老板之间所存在的紧密团结精神与相互信任是至关重要的。"

有一次，盖蒂在加利福尼亚西尔滩油田租得一小块土地，而这一小块土地又只能通过一条长 120 米、宽不足 1.2 米的地面来接通补给路线，载运物资和装备的卡车根本开不进去。同行们都劝盖蒂："把这一块油田忘记吧！你永远不会在那里钻出一口井来——一百万年也做不到。"

盖蒂与他的工人们商量，一个钻井工人说："老板，让我们前去看看，我们会找到某种办法，不要担心！"

盖蒂与工人们一起来到那块土地上，工人们向盖蒂提出了运用小型钻井设备和铺设窄铁路的办法。用这种办法不但很快地打出了井，而且很快地产出了油。

盖蒂的事业就是这样迅速发展起来的。到了 1951 年，盖蒂已拥有一个浩大的"潮水石油公司",仅此一个公司,资产就超过了 8 亿美元!

如今,盖蒂的石油公司及其他矿产勘探公司活跃在全球四个大洲,其财产在 10 亿美元以上。

盖蒂信任员工,也赢得了员工的信任,从此盖蒂的石油公司蒸蒸日上。

为人处世,如果能做到"令之以文,齐之以武",必将对自己的人生大有裨益。如果不恩威并济,而是或恩或威,肆意运用,必将自毁前程。用恩过度,就会给人造成一种温和的形象,给人一种不压重的感觉,在不知不觉之中被人摆到可有可无的位置,从而失去威严;用威过度,会给人造成一种难以亲近的感觉,从而失去亲和力。

第十篇
地形篇
——因不同情况定方案

天下事没有一成不变的，总有不同的特点，去影响人作出不同的决定。凡能因情况不同而定不同方案者，这是胜者；凡死板教条不知因势而变者，这是败者。此为《孙子兵法》"地形篇"之精髓。

本篇导引

本篇主要介绍了六种地形及其与作战的关系，军队打败仗的情况和待兵之道。

六种地形是："通"、"挂"、"支"、"隘"、"险"、"远"。其与作战的关系是：通形者，先居高阳，利粮道，以战则利。挂形者，敌无备，出而胜之；敌若有备，出而不胜，难以返，不利。支形者，敌虽利我，我无出也；引而去之，令敌半出而击之，利。隘形者，我先居之，必盈之以待敌；若敌先居之，盈而勿从，不盈而从之。险形者，我先居之，必居高阳以待敌；若敌先居之，引而去之，勿从也。远形者，势均，难以挑战，战而不利。

军队打败仗的六种情况："走"、"驰"、"陷"、"崩"、"乱"、"北"。

待兵之道：视卒如婴儿。

本篇主题词：知天知地、视卒如婴儿

智慧之源

孙子曰：地形有通者，有挂者，有支者，有隘者，有险者，有远者。我可以往，彼可以来，曰通；通形者，先居高阳，利粮道，以战则利。可以往，难以返，曰挂；挂形者，敌无备，出而胜之；敌若有备，出而不胜，难以返，不利。我出而不利，彼出而不利，曰支；支形者，敌虽利我，我无出也；引而去之，令敌半出而击之，利。隘形者，我先居之，必盈之以待敌；若敌先居之，盈而勿从，不盈而从之。险形者，我先居之，必居高阳以待敌；若敌先居之，引而去之，勿从也。远形者，势均，难以挑战，战而不利。凡此六者，地之道也；将之至任，不可不察也。

故兵有走者，有弛者，有陷者，有崩者，有乱者，有北者。凡此六者，非天之灾，将之过也。夫势均，以一击十，曰走。卒强吏弱，曰弛。吏强卒弱，曰陷。大吏怒而不服，遇敌怼而自战，将不知其能，曰崩。将弱不严，教道不明，吏卒无常，陈兵纵横，曰乱。将不能料敌，以少合众，以弱击强，兵无选锋，曰北。凡此六者，败之道也；将之至任，不可不察也。

夫地形者，兵之助也。料敌制胜，计险隘远近，上将之道也。知此而用战者必胜，不知此而用战者必败。故战道必胜，主曰无战，必战可也；战道不胜，主曰必战，无战可也。故进不求名，退不避罪，唯人是保，而利合于主，国之宝也。

视卒如婴儿，故可与之赴深溪；视卒如爱子，故可与之俱死。厚而不能使，爱而不能令，乱而不能治，譬若骄子，不可用也。

知吾卒之可以击，而不知敌之不可击，胜之半也；知敌之可击，而不知吾卒之不可以击，胜之半也；知敌之可击，知吾卒之可以击，而不知地形之不可以战，胜之半也。故知兵者，动而不迷，举而不穷。故曰：知彼知己，胜乃不殆；知天知地，胜乃不穷。

经典诠释

孙子说：地形有"通"、"挂"、"支"、"隘"、"险"、"远"等六种。凡是我们可以去，敌人也可以来的地域，叫做"通"；在"通"形地域上，应抢先占领开阔向阳的高地，保持粮草补给线的畅通，这样对敌作战就有利。凡是可以前进，难以返回的地域，称作"挂"；在挂形地域上，假如敌人没有防备，我们可以突然出击战胜他们；倘若敌人已有防备，我们出击就不能取胜，而且难以回师，这就不利了。凡是我军出击不利，敌人出击也不利的地域叫做"支"；在"支"形地域上，敌人虽然以利相诱，我们也不要出击，而应该率军假装退却，诱使敌人出击一半时再回师反击，这样就有利。在"隘"形地域上，我们应该先敌占领，并用重兵封锁隘口，以等待敌人的进犯；如果敌人已先占据了隘口，并用重兵把守，我们就不要去攻击；如果敌人没有用重兵据守隘口，那么就可以进攻。在"险"形地域上，如果我军先敌占领，就必须控制开阔向阳的高地，以等待敌人来犯；如果敌人先我占领，就应该率军撤离，不要去攻打它。在"远"形地域上，敌我双方势均力敌，就不宜去挑战，勉强求战，很是不利。以上六点，是利用地形的原则。这是将帅的重大责任所在，不可不认真考察研究。

军队打败仗有"走"、"弛"、"陷"、"崩"、"乱"、"北"六种情况。这六种情况的发生，不是由于天然的灾害，而是将帅自身的过错。在势均力敌的情况下，以一击十而导致失败的，叫做"走"。士卒强悍，将吏懦弱而造成败北的，叫做"弛"。将帅强悍，士卒懦弱而溃败的，叫做"陷"。偏将怨忿不服从指挥，遇到敌人愤然擅自出战，主将又不了

第十篇　地形篇
——因不同情况定方案

解他们的能力，因而失败的，叫做"崩"。将帅懦弱缺乏威严，训练教育没有章法，官兵关系混乱紧张，列兵布阵杂乱无章，因此而致败的，叫做"乱"。将帅不能正确判断敌情，以少击众，以弱击强，作战又没有精锐先锋部队，因而落败的，叫做"北"。以上六种情况，均是导致失败的原因。这是将帅的重大责任之所在，是不可不认真考察研究的。

地形是用兵打仗的辅助条件，正确判断敌情，积极掌握主动，考察地形险厄，计算道路远近，这些都是贤能的将领必须掌握的方法。懂得这些道理去指挥作战的，必定能够胜利，不了解这些道理去指挥作战的必定失败。所以，根据战争规律进行分析，有着必胜把握的，即使国君主张不打，坚持去打也是可以的；根据战争规律进行分析，没有必胜把握的，即使国君主张一定要打，不打也是可以的。进不谋求战胜的名声，退不回避违命的罪责，只求保全百姓，符合国君利益，这样的将帅，是国家的宝贵财富。

对待士卒就像对待婴儿一样，那么士卒就可以同他共赴患难；对待士卒就像对待爱子一样，那么士卒就可以跟他同生共死。如果对士卒厚待而不能使用，溺爱而不能教育，违法而不能惩治，那就如同娇惯了的子女一样，是不可以用来同敌作战的。

只了解自己的部队可以打，而不了解敌人不可以打，取胜的可能只有一半；只了解敌人可以打，而不了解自己的部队不可以打，取胜的可能只有一半；既知道敌人可以打，也知道自己的部队能够打，但是不了解地形不利于作战，取胜的可能性仍然只有一半。所以，懂得用兵的人，他行动起来不会迷惑，他的作战措施变化无穷，而不致困窘。所以说，了解对方，了解自己，争取胜利也就不会有危险。懂得天时，懂得地利，胜利也就可以永无穷尽了。

现代释用

对于一个企业而言，有一个好的领导者是至关重要的。一个好的领导者必须能把握各种"气候"的脉搏。全面掌握本企业的现状，并爱护职工，这就是《孙子兵法》所说的"知天知地""视卒如婴儿"。

做到了"知天知地"，就能预测企业的发展方向；做到了"视卒如婴儿"，就可赢得职工的信任与支持。有了正确的发展方向，有了职工的信任与支持，企业的兴旺发达指日可待。

如果各级领导都能做到"知天知地""视卒如婴儿"，那么产生效果之巨将难以预测。

一个成功的领导者必须具备的才能很多。一、知天知地。只有对各种有利条件和不利条件了如指掌，才能灵活运用。二、视卒如婴儿。任何运作都是靠人来完成的，"视卒如婴儿"，就能大获人心。三、进不求名，退不避罪。只有进不求名，退不避罪，才能充分发挥指挥之才，才能有一颗必胜心，等等。

只有具备了这些条件，领导者才能意志坚定，一往无前，直到最终胜利。

独立不羁 纳尔逊就势而战

军人的天职是服从命令。但有时凭借自己的智慧与经验判断，适时地做出决策,会带来成功的硕果。

纳尔逊是保守的英国海军提督,他是以独立不羁、果断勇猛的作战风格著称于世的风云人物。

那时拿破仑的大军几乎席卷了整个欧洲,但在英国对法国的海战中,纳尔逊将军以其天生的直觉胆识及果断的战术,时常带领英国海军取得胜利。他曾在特拉法加海战中,击败法兰西联合舰队,从拿破仑手中救出英国。当然,最充分发挥他的胆识,也使他名噪一时的则是哥本哈根海战。

1801年初,英国海军最关心的就是采取中立立场的俄国、丹麦、瑞典等波罗的海沿岸诸国的海军动向。因为拿破仑的法国对英国虎视眈眈,这些国家特殊的地理位置,使他们在英法战争中有着举足轻重的作用。倘若这些国家强大的海军靠向法国,英国海军的制海权则毁于一旦,国家也将不保。这其中,最强大最有威胁力的就属丹麦海军。

因此,英国决定根据国际法的"紧急避难"措施,击灭最大的丹麦舰队,英国司令官海德率领50艘舰艇驶向哥本哈根港。1801年3月,海德命令其副官纳尔逊开始攻击停泊在那儿的丹麦舰队。4月1日,纳尔逊开始攻击拥有20艘舰艇的丹麦舰队,但由于遭到强大的陆上炮台反击而陷入苦战。

战争进行得十分艰苦,而且时间拖得越久对于英国舰队越不利。司令官海德判断战况不利,对纳尔逊以信号旗发出"中止作战,撤退"的命令。

但豪迈的纳尔逊对这些损失不以为意,反而被信号激怒,用他在科西嘉岛登陆作战时失去的右眼望着望远镜说道:"我看不见信号。"若无其事地继续进攻,最后终于击败丹麦舰队登上炮台。

这就是纳尔逊"不受君命"的独断专行而取得的胜利。

有时错误地用人,会导致严重的后果,甚至惨败。

克莱斯勒汽车公司创建于1923年,比福特汽车公司和通用汽车公司分别晚了20年和15年。该公司创始人克莱斯勒早在20世纪初已注意到汽车行业的发展前途,亦看到福特汽车公司的业务一派兴旺,于是下决心投入这个行业经营和竞争。公司成立后,尽管经历过多次失败和挫折,但总算顺利发展,业务不断扩大,成为美国最大三家汽车公司之一,扬名于全球。

到20世纪60年代末至70年代初,克莱斯勒先生年事已高,感到力不从心,于是把公司的大权交由财务科班出身的汤森。

汤森从到克莱斯勒公司当会计主任至任总裁时,已有10多年之久,他本应对驾驭全局有经验和能力的,但事实恰恰相反,他任总裁后做出许多失误的决策,使克莱斯勒公司失去一次又一次的商机,造成一次又一次的经营亏损。

汤森对财务的计算可说滴水不漏,绝不会有差错的。但是,他却形成一种只算眼前数字和利益的思维习惯,缺乏长远观念。他强调要重视下一季度的利润,把长远发展计划摆在次要位置。克莱斯勒公司之所以能与福特和通用竞争市场,原因是其汽车各部件的加工工艺十分精细,优胜于福特和通用的产品。但汤森主持后,认为花太多精力和财力在零部件的加工工艺上,会减少整体利润收入,因此而放松了该项优势工作。这样的结果,导致克莱斯勒汽车相比福特和通用汽车而丧失了优势,相反,人家还有不少优于克莱斯勒汽车之处。从此,克莱斯勒汽车的竞争

第十篇　地形篇
——因不同情况定方案

力不断下降。

汤森主持克莱斯勒公司后，由于他侧重于做些吹糠见米的眼前工作，毋庸置疑，公司的近期收入会相对增加（与减少长远投资有关），股东们为此对汤森的作为也没有提出异议，并满足于眼前的较优红利。但是，这种饮鸩止渴的做法很快就暴露出问题了，克莱斯勒公司由于放松了对新型轿车和卡车的开发，没有投入资金研究新工艺。一两年后，福特、通用及其他一些汽车公司纷纷推出新型轿车和卡车，克莱斯勒公司一下与竞争者拉大了差距，连眼前利益也保不住了。

正是这个时候，雪佛莱的"天琴座工星"车和福特的"平托"车投入市场，这两类微型车正好迎合了20世纪70年代初期世界发生石油危机的需要，又能与福克斯威根的"甲虫"车及日本的经济车抗衡。克莱斯勒公司的员工及高层管理人员看见这种情况，纷纷向汤森提出建议，希望克莱斯勒公司迅速开发有竞争力的微型汽车。但汤森一概予以否决，并且他拒绝参观各种微型车的新闻发布会、展销会，自我隔绝与微型车世界的任何联系，使他变得对市场情况不甚了解。他由于形成了"专业癖"，只对眼前的数字看重，不愿深入到生产车间及员工大众中去，整天在办公室发号施令。

世界石油危机带来全球石油供应极度紧张，油价为之暴涨。此时，各类省油的微型车走红全世界，需求十分殷切。克莱斯勒公司在汤森的指导思想控制下，一直生产耗油多的大型汽车，这种违背市场需求的经营之道，只好自吃苦果了。到1974年，克莱斯勒公司亏损5200万美元，销售额下降了50%多。此时，汤森才紧张起来。为了摆脱困境，他下令解雇工人，从1974年至1975年，他解雇了近三分之一的工人和工程师；另外，从 1975 年起，公司开始发展微型汽车。岂料到 1975 年下半年以后，微型汽车市场已呈饱和状态。原因有两个，一是率先开发微型车的汽车厂商已大批量推出其产品；二是到 1975 年下半年石油危机已化解，即石油禁运政策宣告结束。

克莱斯勒公司在该"出手"时却"袖手"，在大家"罢手"时才"出手"，结果其刚推出的微型车订单甚微，造成新的汽车积压。在多方不利因素的夹击下，1975 年克莱斯勒公司又增亏 2059 亿美元，使之迫近倒闭边缘。到 1976 年，林思·汤森被迫下台了。

克莱斯勒由于错误地利用只算眼前数字和利益的汤森，不可避免地濒临倒闭边缘。

奇人奇招　奇老板选择奇经理

一个人如果墨守成规，很难有所建树；一个人如果勇于破除陈规，往往可以建立奇功。

一天，公司总经理叮嘱全体员工："谁也不要走进八楼那个没挂门牌的房间。"但他没解释为什么。

在这家效益不错的公司里，员工们都习惯了服从，大家牢牢记住了领导的吩咐，谁也不去那个房间。

一个月后，公司又招聘了一批年轻人，同样的话，总经理又向新员工重复了一遍。这时，有个年轻人在下面小声嘀咕了一句："为什么？"

总经理看了他一眼，满脸严肃地回答："不为什么。"

回到岗位上，那个年轻人的脑子里还在不停地闪现着那个神秘的房间：又不是公司部门的办公用房，又不是什么重要机密存放地，为什么要有这样的吩咐呢？年轻人想去敲门看看到底是怎么回事。

同事们纷纷劝他，冒这个险干吗？不听经理的话有什么好果子吃？这份工作来之不易呀！

小伙子来了牛脾气，执意要去看个究竟。

他轻轻地叩门，没有人应声。他随手一推，门开了，不大的房间中只有一张桌子，桌子上放着一张纸条，上面用红笔写着几个字："拿这张纸条给经理。"

小伙子很失望，但既然做了，就做到底，他拿着纸条去了总经理办公室。当他从经理办公室出来时，不但没有被解雇，反而被任命为销售部经理。

"销售是最需要创造力的工作，只有不被条条框框限制住的人才能胜任。"经理给了大家这样一个解释。

小伙子不受陈规的约束，冒着失业的危险，打开了那个不让打开的大门。然而奇迹出现了……

创造环境　马克·吐温猎取机会

一个聪明的人，除了要有口若悬河的口才外，还应懂得如何在较好的环境下处好人际关系。只有这样，才能使自己成为有用之才。

较好的环境并非随时都有，关键在于创造。只要创造了好的环境，

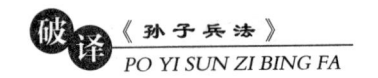

就能很好地发挥自己的能力。

1890年,美国著名的幽默作家马克·吐温等一行20人参加道奇夫人的家宴。

不一会儿,就发生了大宴会经常发生的情况:人人都在跟旁边的人谈话,而且在同一时间里讲话,慢慢地便嗓音越提越高,拼命想叫对方听见。

马克·吐温觉得这像一场骚动、一次起义,有伤大雅,太不文明了。如果这时间大叫一声,叫人们安静下来,其结果也一定糟透了,怎么办?

马克·吐温心生一计,便对邻座的一位太太说:"我要把这场骚乱镇压下去。我要让这场吵闹静下来,法子只有一个。您把头歪到我这边来,仿佛对我讲的话听得非常起劲。我就用低声说话。我只要叽叽咕咕一阵子,你就会看到,谈话者会一个个停下来,这里便会一片寂静,除了我叽叽咕咕以外,什么声音也没有。"

接着,他就低声讲起来:

"11年前,我到……"

说到这里,道奇夫人那边桌上起义般闹哄哄的声音小下来了,然后寂静沿着长桌一对对一双双地蔓延开来。马克·吐温用更轻的声音一本正经地讲下去:

"在×先生不作声时……"

到这时,马克·吐温的叽咕声已达到目的,餐厅里一片寂静。

马克·吐温见时机已到,便开口说明他为什么玩这个游戏,是请他们把应得的教训记在心上,从此要讲些理,顾念顾念人家,不要一大伙人同声尖叫,让大家一个一个地讲话,其余的人静静听着。

他们同意了马克·吐温的意见,晚上其余时间里,大家都过得高高兴兴。

马克·吐温非常欣慰,因为他机智地创造了一个可以讲理的环境。

马克·吐温成功地创造了好环境,争取了机会,又为大家创造了环境。如此良性循环,大宴会在友好的气氛中进行着……

英明预见　安德森开发石油

顺应天时地利,巧妙构想,英明预测,可以带来惊天动地的变化。

石油大亨罗伯·安德森叱咤石油王国数十载,是创建全美第七大石油公司——大西洋沃野公司的亿万富豪。探明并打出全世界有史以来油藏最丰富的一口油井的,是他;购买了9万英亩以上的牧场而成为美国最大的私人土地拥有者的,也是他;与中国政府合作勘探南中国海的石油蕴藏,签订了为期35年、耗资25亿美元的探油协议的,依然是他。正是这一连串令世人瞩目的惊人之举,铺设出他那辉煌的成功之路。

罗伯·安德森1917年生于美国芝加哥。安德森从小在邻近大学区的肯伍德地区长大。18岁时,考入著名的芝加哥大学。

1939年他毕业于芝加哥大学经济学系。他第一份工作是在芝加哥的矿物酒精公司。一年多以后,他辞了职,携新婚的妻子搬到偏远的新墨西哥州。1941年他独自尝试办厂。二战爆发,石油及汽油的需求量激增,安德森的煤油厂的利润也随之上升。他成为麦可煤油公司的总裁,不久又将这家公司改名为"杭多石油瓦斯公司",并通过一系列的吞并及收购,使其壮大起来,从而迈出了他石油生涯的第一步。

安德森显示了他非凡的经营管理才能。杭多公司在15年内扩充了6座煤油厂,并钻探到几口油井,铺设了长达800千米的油管。1955年他以200万美元收购了加拉威尔夏石油公司,这家公司很快便开始赚钱。两年后,安德森又将它卖给海湾石油公司,这一买一卖使他获利2100万美元。为更好地抵御风险,他决定开始多元化经营,便在新墨西哥及德州买下一系列的大农场,在农场里饲养一种叫布拉格斯的优质肉牛。

到了1963年,安德森的杭多石油瓦斯公司已变得十分强大。他让公司与大西洋提炼公司合并,组建成大西洋沃野公司。他由此拥有价值3500万美元的50万股大西洋股票。第二年,安德森担任了该公司执行委员会主席。1965年,该公司董事长心脏病突发而死,于是48岁的他接任了公司董事长。

首次董事会上,作为主持人的安德森不动声色,并很快发挥其强大的影响力。他提出一系列改革方案,加强内部组织系统化,断然关闭效益低下的加油站,并下令进行一系列的现代化改革。

安德森似乎总是具有超越平常人的预见能力。在用人问题上,他物色的总裁桑顿在以后的15年中都一直是他的得力搭档。而事实上,他的预见也大都是对的。1968年,他将公司总部从洛杉矶迁往纽约。他认为,公司要想成为一流公司,就应该迁到一个"企业气氛更为活跃的地方,要跟其他的大石油公司更为接近一点,纽约就是这个合适的地方"。果然,在纽约这个金融、贸易、工业和信息中心,大西洋公司如鱼得水,在十几年后果真成了美国十大石油公司之一。

安德森的英明预见，在阿拉斯加北坡大油田的发现上起到了决定性的作用。北坡油田地处阿拉斯加的卜路后湾，从20世纪50年代起就有许多石油公司在这里钻探寻油，但钻井打了几百口，却未见有多少油，最终都灰溜溜地无功而返。唯有安德森还坚持让他的大西洋公司在那里继续钻油，因为他直觉上认为北坡应该有油，而且是大油田。当然，他的直觉是建立在对当地地质构造的科学分析基础之上的。1968年，他的信心与耐心终于获得应有的报偿。大西洋公司在卜路后湾发现了油藏，而且该油田很快被证实是有史以来油藏量最丰富的一个油田。由于这个油田的新发现，美国确切的石油蕴藏量在一夜之间增加了2倍。也正是这次大发现，使安德森一夜成名，一跃而跻身于美国大石油公司的老板之列。

阿拉斯加大油田的开采与利用，给大西洋沃野公司带来滚滚的财源。它的全部蕴藏量将会给这家公司带来将近1兆亿美元的收入。如果这些油是进口的，每年将花费90亿美元，因此，光是安德森的这个大油田，目前就能为美国一年节省下200亿美元的贸易收支逆差。

阿拉斯加大油田被发现的消息，使大西洋沃野公司的竞争对手之一——海湾西方石油公司慌了手脚。他们不久便向辛克莱石油公司提议，要收购这家公司。安德森在风闻这一消息后，认为是千载难逢的大好机会，必须抢先一步采取行动。他立刻亲自前往辛克莱公司，与其总裁路易斯面谈，陈述兼并对两家公司的种种好处。路易斯对他的提议深感满意，两人在晚餐席上达成了初步的共识。

几天后，安德森终于如愿以偿，成功地完成了对辛克莱石油公司的兼并。两家公司的兼并使大西洋公司的规模扩大了3倍，增加了阿拉斯加古巴路克油田、一座位于休斯敦的煤油厂、一个长达数百公里的油管系统、一家大型石化企业以及美国大陆中部的一些石油行销机构等。

随着阿拉斯加大油田开采量逐日增加，数以亿万计的美金纷纷涌入安德森的金库。大西洋沃野公司的股价疯涨，股利猛增，新投资的项目一个接一个。

在20世纪80年代初的石油危机冲击下，安德森的公司也遭遇了经济危机，甚至有人扬言要收购大西洋公司。为此，安德森在1984年采取断然措施，以迎接挑战。他推出了一份内部结构重组计划，大幅度精减该公司的组织结构，职工总数从5.5万人削减到2.5万人。石油勘探及开发的计划也予以外包或延搁，亏损的非石油类计划则干脆一笔勾销。为筹措资金，他甚至把位于洛杉矶的公司总部卖了，换取资金重新买回价值40亿美元的大西洋沃野公司股票，从而避免了被收购的危险。这一举措使公司股票不跌反涨，仅在一年内升值30亿美元。

这样，安德森仅用一年时间就使大西洋沃野公司顺利渡过难关，各项业务蒸蒸日上。

安德森英明预见，并积极开发石油，顺利渡过重重艰难险阻。

第十一篇
九地篇
——擒住最要害的问题

解决问题不能到处下手，而是要擒住要害问题，把它解剖得清清楚楚，干干净净。有些人总想解决所有的问题，结果一个问题就把他难得束手无策。假如你能擒住要害问题，就可以事半功倍。此为《孙子兵法》"九地篇"之精髓。

本篇导引

本篇主要介绍了九种作战地区及相应的作战原则、在敌国内作战的一般规律和战争的实施策略。

九种作战地区是："散地"、"轻地"、"争地"、"交地"、"衢地"、"重地"、"圮地"、"围地"、"死地"。相对应的作战原则是：散地则无战，轻地则无止，争地则无攻，交地则无绝，衢地则合交，重地则掠，圮地则行，围地则谋，死地则战。

在敌境内作战的一般规律是：深入则专，主人不克；掠于饶野，三军足食；谨养而勿劳，并气积力；运兵计谋，为不可测。投之无所往，死且不北。

战争的实施策略是：始如处女，敌人开户；后如脱兔，敌不及拒。

本篇主题词：衢地则合交、千里杀将

智慧之源

孙子曰：用兵之法，有散地，有轻地，有争地，有交地，有衢地，有重地，有圮地，有围地，有死地。诸侯自战其地，为散地。入人之地而不深者，为轻地。我得则利，彼得亦利者，为争地。我可以往，彼可以来者，为交地。诸侯之地三属，先至而得天下之众者，为衢地。入人之地深，背城邑多者，为重地。行山林、险阻、沮泽，凡难行之道者，为圮地。所由入者隘，所从归者迂，彼寡可以击吾之众者，为围地。疾战则存，不疾战则亡者，为死地。是故散地则无战，轻地则无止，争地则无攻，交地则无绝，衢地则合交，重地则掠，圮地则行，围地则谋，死地则战。

所谓古之善用兵者，能使敌人前后不相及，众寡不相恃，贵贱不相救，上下不相收，卒离而不集，兵合而不齐。合于利而动，不合于利而止。敢问："敌众整而将来，待之若何？"曰："先夺其所爱，则听矣。"兵之情主速，乘人之不及，由不虞之道，攻其所不戒也。

凡为客之道，深入则专，主人不克；掠于饶野，三军足食；谨养而勿劳，并气积力；运兵计谋，为不可测。投之无所往，死且不北。死焉不得，士人尽力。兵士甚陷则不惧，无所往则固，深入则拘，不得已则斗。是故其兵不修而戒，不求而得，不约而亲，不令而信。禁祥去疑，至死无所之。吾士无余财，非恶货也；无余命，非恶寿也。令发之日，士卒坐者涕沾襟，偃卧者涕交颐。投之无所往者，诸、刿之勇也。

故善用兵者，譬如率然；率然者，常山之蛇也。击其首则尾至，击其尾则首至，击其中则首尾俱至。敢问："兵可使如率然乎？"曰："可。"夫吴人与越人相恶也，当其同舟而济，遇风，其相救也如左右手。是故方马埋轮，未足恃也；齐勇若一，政之道也；刚柔皆得，地之理也。故善用兵者，携手若使一人，不得已也。

将军之事，静以幽，正以治。能愚士卒之耳目，使之无知；易其事，革其谋，使人无识；易其居，迂其途，使人不得虑。帅与之期，如登高而去其梯。帅与之深入诸侯之地，而发其机，焚舟破釜，若驱群羊，驱而往，驱而来，莫知所之。聚三军之众，投之于险，此谓将军之事也。

九地之变，屈伸之利，人情之理，不可不察。

凡为客之道，深则专，浅则散。去国越境而师者，绝地也；四达者，衢地也；入深者，重地也；入浅者，轻地也；背固前隘者，围地也；无所往者，死地也。是故散地，吾将一其志；轻地，吾将使之属；争地，吾将趋其后；交地，吾将谨其守；衢地，吾将固其结；重地，吾将继其食；圮地，吾将进其涂；围地，吾将塞其阙；死地，吾将示之以不活。故兵之情，围则御，不得已则斗，过则从。

是故不知诸侯之谋者，不能预交；不知山林、险阻、沮泽之形者，不能行军；不用乡导者，不能得地利。四五者，不知一，非霸王之兵也。夫霸王之兵，伐大国，则其众不得聚；威加于敌，则其交不得合。是故不争天下之交，不养天下之权，信己之私，威加于敌，故其城可拔，其国可隳。施无法之赏，悬无政之令，犯三军之众，若使一人。犯之以事，勿告以言；犯之以利，勿告以害。投之亡地然后存，陷之死地然后生。夫众陷于害，然后能为胜败。故为兵之事，在于顺详敌之意，并敌一向，千里杀将，此谓巧能成事者也。

是故政举之日，夷关折符，无通其使；厉于廊庙之上，以诛其事。敌人开阖，必亟入之，先其所爱，微与之期。践墨随敌，以决战事。是故始如处女，敌人开户；后如脱兔，敌不及拒。

经典诠释

孙子说：按照用兵的原则，军事地理上有散地、轻地、争地、交地、衢地、重地、圮地、围地、死地。诸侯在本国境内作战的地区，叫做散地。在敌国浅近之地作战的地区，叫做轻地。我方得到有利，敌人得到也有利的地区，叫做争地。我军可以前往，敌军也可以前来的地区，叫做交地。同几个诸侯国相毗邻，先到达就可以获得诸侯列国援助的地区，叫做衢地。深入敌国腹地，背靠敌人众多城邑的地区，叫做重地。山林险阻、水网沼泽这一类难于通行的地区，叫做圮地。进军的道路狭窄，退兵的道路迂远，敌人可以用少量兵力攻击我方众多兵力的地区，叫做围地。迅速奋战就能生存，不迅速奋战就会全军覆灭的地区，叫做死地。因此，处于散地就不宜作战，处于轻地就不宜停留，遇上争地就不要勉强强攻，遇上交地就不要断绝联络，进入衢地就应该结交诸侯，深入重地就要掠取粮草，碰到圮地必须迅速通过，陷入围地就要设谋脱险，处于死地就要力战求生。

　　从前善于指挥作战的人，能够使敌人前后部队不能相互策应，主力和小部队无法相互依靠，官兵之间不能相互救援，上下之间无法聚集合拢，士卒离散难以集中，遇上交战，阵形也不整齐。至于我军，则是见对我有利就打，对我无利就停止行动。试问："敌人兵员众多且又阵势严整向我发起进攻，那该用什么办法对付它呢？"回答是："先夺取敌人最关键的有利条件，这样它就不得不听从我们的摆布了。"用兵之理，贵在神速，乘敌人措手不及的时机，走敌人意料不到的道路，攻击敌人没有戒备的地方。

　　在敌国境内进行作战的一般规律是：深入敌国的腹地，我军的军心就会坚固，敌人就不易战胜我们。在敌国丰饶的田野上掠取粮草，全军上下的给养就有了足够的保障。要注意休整部队，不要使其过于疲劳。保持士气，积蓄力量，部署兵力，巧设计谋，使敌人无法判断我军的意图。将部队置于无路可走的绝境，士卒就会宁死不退。士卒既宁死不退，那么，他们怎会不殊死作战呢？士卒深陷危险的境地，心里就不再存有恐惧；无路可走，军心自然就会稳固；深入敌境，军队就不会离散。遇到迫不得已的情况，军队就会殊死奋战。因此，这样的军队不须整饬就能注意戒备；不用强求就能完成任务；无须约束就能亲密团结；不待申令就会遵守纪律。禁止占卜迷信，消除士卒的疑虑，他们就至死也不会逃避。我军士卒没有多余的钱财，这并不是他们厌恶钱财；我军士卒置生死于度外，这也不是他们厌恶长寿。当作战命令颁布之时，坐着的士卒泪沾衣襟，躺着的士卒泪流满面。把士卒投置到无路可走的绝境，他们就都会像专诸、曹刿一样的勇敢。

善于指挥作战的人，能使部队自我策应如同"率然"蛇一样。"率然"，是常山地方的一种蛇，打它的头部，尾巴就来救应；打它的尾巴，头就来救应；打它的腰，它的头尾都来救应，试问："可以使军队像'率然'一样吧？"回答是："可以。"那吴国人和越国人是互相仇视的，但当他们同船渡河而遇上大风时，他们相互救援，配合默契就如同人的左右手一样。所以，想用把马并缚在一起、深埋车轮这种显示死战决心的办法来稳定部队，那是靠不住的。要使部队能够齐心协力奋勇作战如同一人，关键在于部队管理教育有方，要使优劣条件不同的士卒都能够发挥作用，根本在于恰当地利用地形。所以善于用兵的人，能使全军上下携手团结如同一人，这是因为客观形势迫使部队不得不这样。

在指挥军队这件事情上，要做到考虑谋略沉着冷静而幽邃莫测，管理部队公正严明而有条不紊。要能蒙蔽士卒的视听，使他们对于军事行动毫无所知；变更作战部署，改变原定计划，使人无法识破真相；不时

第十一篇 九地篇
——擒住最要害的问题

变换驻地，故意迂回前进，使人无从推测我方的意图。将帅向军队赋予作战任务，要像使其登高而去掉梯子一样，使军队有进无退。将帅率领士卒深入诸侯国土，要像弩机发出的箭一样一往无前。要烧掉舟船，打碎锅子，以示死战的决心。对待士卒，要能如驱赶羊群一样，赶过去又赶过来，使他们不知道要到哪里去。集结全军官兵，把他们投置于险恶的环境，这就是指挥军队作战的要务。九种地形的应变处置，攻防进退的利害得失，全军上下的心理状态，这些都是作为将帅不能不认真研究和周密考察的。

在敌国境内作战的通常规律是：进入敌国境内越深，军心就越是稳定巩固；进入敌国境内越浅，军心就越容易懈怠涣散。离开本土，进入敌境进行作战的地区，叫做绝地；四通八达的地区，叫做衢地；进入敌境纵深的地区，叫做重地；进入敌境浅的地区，叫做轻地；背有险阻面对隘路的地区，叫做围地；无路可走的地区，叫做死地。因此，处于散地，要统一军队的意志；处于轻地，要使营阵紧密相连；在争地上，要迅速出兵抄到敌人的后面；在交地上，就要谨慎防守；在衢地上，就要巩固与诸侯列国的结盟；遇上重地，就要保障军粮的供应；遇上圮地，就必须迅速通过；陷入围地，就要堵塞缺口；到了死地，就要显示殊死奋战的决心。所以，士卒的心理状态是：陷入包围就会竭力抵抗，形势逼迫就会拼死战斗，身处绝境就会听从指挥。

因而，不了解诸侯列国的战略意图，就不要预先与之结交；不熟悉山林、险阻、沼泽等地形情况，就不能行军。不使用向导，就无法获得有利的地形。这些情况，如有一样不了解，都不能成为称王争霸的军队。凡是称王争霸的军队，进攻敌国，能使敌国的军民来不及动员集中；兵

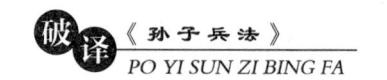

威加在敌人头上，能够使敌方的盟国无法配合策应。因此，没有必要去争着同天下诸侯结交，也用不着在各诸侯国里培植自己的势力；只要伸展自己的战略意图，把兵威施加在敌人头上，就可以拔取敌人的城邑，摧毁敌人的国都。施行超越惯例的奖赏，颁布不拘常规的号令，指挥全军就如同使用一个人一样。向部下布置作战任务，但不说明其中的意图。动用士卒，只说明有利的条件，而不指出危险的因素。将士卒投置于危地，才能转危为安。使士卒陷身于死地，才能起死回生。军队深陷绝境，然后才能赢得胜利。所以，指导战争这种事，在于谨慎地观察敌人的战略意图，集中兵力攻击敌人之一部，千里奔袭，擒杀敌将。这就是所谓巧妙用兵，实现克敌制胜的目标。

因此，在决定战争方略的时候，就要封锁关口，废除通行符证，不允许敌国使者往来，要在庙堂里反复秘密谋划，作出战略决策。敌人方面一旦出现间隙，就要迅速地乘虚而入。首先夺取敌人的战略要地，但不要轻易与敌约期决战，要灵活机动，因敌变化来决定自己的作战行动。因此，战斗打响之前要像处女那样显得深静柔弱，诱使敌人放松戒备。战斗展开之后，则要像脱逃的野兔一样行动迅速，使得敌人措手不及，无从抵抗。

现代释用

在现代商业活动中，快速搜集情报、快速传递信息、快速更新产品、快速周转货物、快速投入市场，是商业竞争制胜的重要因素。一个"快"字，道出了个中奥妙。所以，《孙子兵法》说，"兵之情主速"。

对于企业生产而言，坚持"兵情主速"的原则也很重要。企业经营者针对各种现实情况，及时做出反应，尽快拿出适销对路的产品，并迅速投放市场，必将使企业迎来一个个新的高潮。

时间就是金钱，速度就是效益，这已是社会共识。一旦瞄准了行情，就要雷厉风行，"该出手时就出手"。否则，贻误战机，终将失败。正如《孙子兵法》所说，要"乘人之不及，由不虞之道，攻其所不戒也。"

乘虚而入　李自成轻取洛阳

有了机会，就要积极行动。

明朝末年，老百姓生活在水深火热之中，纷纷揭竿而起。公元1640年7月，张献忠率领农民起义军攻入四川，明朝主力大军全部入四川围剿，河南一带的防务变得十分脆弱。农民起义军领袖李自成趁此机会迅速壮大了自己的力量，并且连续取得攻克宜阳、偃师、新安等城池的胜利。

宜阳、偃师和新安属豫西重镇洛阳的外围。明朝福王朱常洵就住在洛阳。朱常洵的母亲是神宗朱翊钧的爱姬，朱翊钧爱屋及乌，对朱常洵也格外宠爱，把大量金银财物赏赐给朱常洵。朱常洵金银无数，却异常吝啬，不但洛阳城的百姓怨恨他，就是他府中的兵丁也时有不满。官府的军队大多抽调入四川去平定张献忠，洛阳城中已无多少将士，因此，洛阳城在这个特殊的时刻，变成了一座"兵弱而城富"的重镇。

李自成当然不会轻易放过攻取洛阳城的大好机会。公元1641年正月，李自成率起义军兵临洛阳城下，拉开了攻城的序幕。

生死关头，福王朱常洵竟只顾自己，调集亲兵保护府库，对于城头上的战事不闻不问。守城将领一再要求朱常洵发放银两，犒赏守城士卒，朱常洵狠狠心才拨出了3000两白银，可是，区区3000两白银还被总兵王绍禹等人吞没了。朱常洵忍痛又拨出1000两，士兵们因分配不均而争斗不止，最后竟发展成兵变。士兵们将兵备道王允昌捆绑起来，将城楼烧毁，又大开北门，迎接起义军入城。总兵王绍禹见大势已去，仓皇跳城逃命，福王也企图缒城逃跑，但没跑多远，就被起义军抓获。起义军打开福王粮仓赈济城内老百姓，举城一片欢腾。

李自成抓住机会，积极行动，轻而易举地拿下了洛阳，为推翻明朝做了很好的准备。

创造机会　谢安淝水退敌

机会不是随时存在的。但机会也是可以创造的。

公元370年，北方的前秦灭掉了前燕，此后又灭掉前凉，攻占了东晋的襄阳等地。前秦苻坚认为一统天下的时机已经到来，调征各地人马90万人，水陆并进，浩浩荡荡地向偏安南方的东晋杀来。

东晋孝武帝司马曜慌忙任命丞相谢安为征讨大都督，率兵迎击前秦军队。谢安胸有成竹，临危不惧，他委任谢玄为前锋都督，选派谢石代理征讨大都督，指挥全军作战。

苻坚依靠占绝对优势的兵力一举攻克寿阳，随后派降将朱序到晋营劝降。朱序是在4年前与前秦作战兵败后投降的,当时实为迫不得已,如今回到晋营,不但不劝降,反而将前秦的兵力部署完完全全地告诉了晋军。谢石根据朱序提供的情报,派猛将刘牢之率精兵5000人强渡洛水,偷袭洛涧的前秦军队,歼敌15000人,晋军士气大振。谢石、谢玄指挥晋军推进到淝水东岸,与前秦军夹岸对峙。

苻坚人马众多,后勤补给有困难,一心想速战速决;东晋军担心前秦的后续部队与前军会合,压力会增大,也想乘胜击败前秦军。于是,双方约定:秦军稍稍后退,让出一块地方,让晋军渡过淝水,展开决战。

苻坚的如意算盘是:待晋军上岸立足未稳之机,以骑兵冲杀,把晋军全歼。

决战开始前,苻坚命令淝水前沿的前秦军队稍稍后撤,让晋军过河。开始的时候,前秦军还有秩序地后退,但片刻之后,跑的跑、奔的奔,人人唯恐落后,阵势立刻大乱。

早已潜伏在后军中的朱序乘机指挥自己的部队齐声呐喊:"秦军败了!秦军败了!"前秦军不知虚实,以为真的败了,假后退顿时变成了真溃败,成千上万的士兵,潮水般地向后涌去。苻坚的弟弟车骑大将军苻融连杀数名后退的士兵,企图阻止秦军后退,不但没有遏止住秦军的后退,反而连人带马被后退的人马撞倒,死于乱军之中。

谢石、谢玄看在眼里,哪肯错失这一千载难逢的好时机,立刻指挥8万骑兵率先杀入秦军,后面的晋军一拥而上,奋勇追杀。前秦军兵败如山倒,一发而不可收拾。

苻坚仓皇北逃,一路上,风声鹤唳,90万大军灰飞烟灭,前秦从此一蹶不振,没过多久就灭亡了。

谢安成功地创造了机会，从而大败敌军。

破釜沉舟　楚军大败章邯

勇气是不可战胜的。

秦朝末年，秦二世胡亥派大将章邯统率大军击败了陈胜、吴广的起义军，然后又北渡黄河，进攻赵国，将赵王歇包围在巨鹿（今河北平乡西南）。赵王歇慌忙向楚国求救，楚怀王派宋义为上将军、项羽为次将、范增为末将，统率大军援救赵国。

宋义知道章邯是员骁勇善战的老将，不敢与章邯交战。援军到达安阳（今河南安阳西南）后，宋义按兵不动，一住就是46天。项羽对宋义说："救兵如救火，我们再不出兵，赵国就要被章邯灭掉了！"宋义根本不把项羽放在眼里，对项羽说："冲锋陷阵，我不如你；运筹帷幄，你就不如我了。"并且传下命令："如有人轻举妄动，不服从命令，一律斩首！"项羽忍无可忍，拔剑斩杀宋义，自己代理上将军，并命令黥布和蒲将军率两万人马渡过漳河援救赵国。

黥布和蒲将军成功地截断了秦军粮道，但却无力解赵王歇钜鹿之围，赵王歇再次派人向项羽求救。项羽亲率全军渡过漳河，到达北岸后，项羽突然下令：将渡船全部凿沉，将饭锅全部打碎，将营房全部烧掉，每个人只带三天的干粮。将士们惧怕项羽的威严，谁也不敢多问。项羽对将士们说："我们此次进军，只能前进，不能后退，后退就是死路一条！"将士们眼见一点退路也没有，人人抱着死战到底的决心与秦军拼杀。结果，项羽率楚军以一当十，九战九捷，章邯的部将苏甬被杀、王离被俘、涉间自焚而亡，章邯狼狈逃走，钜鹿之围遂解。

钜鹿之战打出了楚军的威风。从此以后，项羽一步步登上了权利的最高峰，成了名扬天下的"西楚霸王"。项羽以超人的勇气，破釜沉舟，挫败了章邯所部秦军。

另辟蹊径　莱恩设计企鹅图书

在逆境时，从头做起，重新品尝创业的艰辛，可以激发斗志，还可以找出新的切入点。

艾伦·莱恩是英国人，他在年轻时就继承了伯父的事业，出任了希德出版社的董事。但在当时，出版社的处境已是举步维艰，莱恩绞尽脑汁，试图另辟蹊径，使出版社"柳暗花明"。

终于有一天，当莱恩在一个候车室旁的书摊上漫无目的地扫视时，他突然发现，书摊上除了高价新版书、庸俗读物外，几乎没什么可看之书，而且这些书大部分都是价格昂贵的精装书。

这个发现触动了莱恩的灵感："要想赚大钱，出版价格低廉的平装书是个好办法。"他坚信这个办法能够成功，因为精装本价格很贵，一般老百姓根本买不起。

莱恩出版廉价丛书的计划在英国出版界引起了强烈的反响，有人说这是自取灭亡，有人说这会严重影响整个图书界。莱思认定这个办法是他的企业走出困境的唯一道路，所以他毫不动摇。

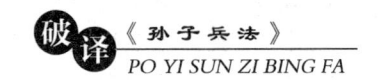

第一套平装系列丛书共 10 本，规格也比精装本缩小了。这不仅节省了封面制作的成本，也节省了纸张，再加上莱恩决定以购买再版图书重印权的方式出版这 10 本书，因而大大降低了成本费。莱恩把每本书的价钱压到 6 便士，这样，人们只要少吸 6 支香烟就可买到一本书。

这套书的封面很引人注目，这是因为莱恩在上面设计了一个逗人喜爱的丛书标志物——一只翘首站立的小企鹅。因此，莱思把这套丛书起名为《企鹅丛书》。莱恩还用颜色表示图书的类别：紫色为剧本，浅蓝色为传记，橘红色为小说，灰色为时事政治读物，绿色为侦探类作品，黄色为其他类别读物。这一系列的改革使这套书不仅在外观上鲜艳明快，让人耳目一新，而且在装订上显得简单朴实，印刷上更是字迹工整。

既然这本书是面向大众，那么其价格就必须低廉，低廉的价格又要求有巨大的销售量。莱恩心里清楚：每本书的销售量只有达到 17500 册以上，才能保住本钱。因而，他派人到各地去宣传、推销……

1935 年 7 月，第一批 10 卷本《企鹅丛书》正式问世，在不到半年时间里，这套书就销售了 10 万册，莱恩成功了。

1936 年元旦，希德出版社改名为企鹅图书公司。它坚持薄利多销、为大众服务的原则，因此能垄断英国平装书市场 20 多年。目前，企鹅图书公司已成为全世界屈指可数的平装书出版社之一。

莱恩另辟蹊径，使祖上流传下来的图书家业"柳暗花明"。

第十二篇
火攻篇
——施展出各种猛招

针对不同的对手，要使用不同的招法去应对，不能千篇一律。有些时候，在此人身上为猛招，在他人身上则为软招；反之，在此人身上为软招，在他人身上就变成了猛招。这就要做到：因人而异，因时而别，因地制宜。此为《孙子兵法》"火攻篇"之精髓。

本篇导引

本篇主要介绍了火攻的种类及实施条件和对战争的正确态度。

火攻的种类有："火人"、"火积"、"火辎"、"火库"，"火队"五种。

火攻的实施条件：行火必有因，烟火必素具。发火有时，起火有日。火发于内，则早应之于外。火发兵静者，待而勿攻，极其火力，可从而从之，不可从而止。火可发于外，无待于内，以时发之。火发上风，无攻下风。昼风久，夜风止。

对待战争的正确态度：非利不动，非得不用，非危不战。

本篇主题词：发火有时、非危不战

智慧之源

孙子曰：凡火攻有五：一曰火人，二曰火积，三曰火辎，四曰火库，五曰火队。行火必有因，烟火必素具。发火有时，起火有日。时者，天之燥也；日者，月在箕、壁、翼、轸也，凡此四宿者，风起之日也。凡火攻，必因五火之变而应之。

火发于内，则早应之于外。火发兵静者，待而勿攻，极其火力，可从而从之，不可从而止。火可发于外，无待于内，以时发之。火发上风，无攻下风。昼风久，夜风止。凡军必知有五火之变，以数守之。

故以火佐攻者明，以水佐攻者强。水可以绝，不可以夺。

夫战胜攻取，而不修其功者凶。命曰："费留"。故曰：明主虑之，良将修之。非利不动，非得不用，非危不战。主不可以怒而兴师，将不可以愠而致战。合于利而动，不合于利而止。怒可以复喜，愠可以复悦；亡国不可以复存，死者不可以复生。故明君慎之，良将警之，此安国全军之道也。

经典诠释

孙子说：火攻的形式共有五种，一是焚烧敌军人马，二是焚烧敌军粮草，三是焚烧敌军辎重，四是焚烧敌军仓库，五是焚烧敌军粮道。实施火攻必须具备条件，火攻器材必须平时即有准备。放火要看准天时，起火要选好日子。所谓天时，是指气候干燥；所谓日子，是指月亮行经"箕"、"壁"、"翼"、"轸"四个星宿位置的时候。凡是月亮经过这四个星宿的时候，就是起风的日子。

凡用火攻，必须根据五种火攻所引起的不同变化，灵活机动部署兵力策应。在敌营内部放火，就要及时派兵从外面策应。火已烧起而敌军依然保持镇静，就应慎重等待，不可立即发起进攻。等待火势旺盛后，再根据情况作出决定，可以进攻就进攻，不可进攻就停止。火可以从外面燃放，这时就不必等待内应，只要适时放火就行。从上风放火时，不可从下风进攻。白天风刮久了，夜晚风就容易停止。军队都必须掌握这五种火攻方法，灵活运用，等待放火的时日条件具备时再进行火攻。

用火来辅助军队进攻，效果殊为显著。用水来辅助军队进攻，攻势必能加强。水可以把敌军分割隔绝，但却不能焚毁敌人的军需物资。

凡打了胜仗，攻取了土地城邑，而不能及时论功行赏的，就必定会有祸患。这种情况叫做："费留"。所以说，明智的国君要慎重地考虑这个问题，贤良的将帅要严肃地对待这个问题。没有好处不要行动，没有取胜的把握不要用兵，不到危急关头不要开战。国君不可因一时的愤怒而发动战争，将帅不可因一时的愤懑而出阵求战。符合国家利益才用兵，不符合国家利益就停止。愤怒还可以重新变为欢喜，愤懑也可以重新转为高兴。但是国家灭亡了就不能复存，人死了也不能再生。所以，对待战争，明智的国君应该慎重，贤良的将帅应该警惕，这是安定国家保全军队的根本道理。

现代释用

任何事物的产生、发展和灭亡都受客观条件的制约。大千世界，千变万化，各种事物赖以生存与消亡的条件也各不相同，人们要领会它，利用它，驾驭它，因势利导，才有可能成就自己的意志。这就是《孙子兵法》说的"行火必有因"。

作为领导者，在进行重大决策前必须认真分析种种客观条件，从中找出可行的方案，并总结出各种可利用条件，并认真筹备，一旦时机成熟，就果敢出手，必获全功。如果优柔寡断，势必丧失主动权，嗟叹不已。

巧借东风　瑞典公司渡难关

经济是基础，政治是上层建筑。经济永远受政治气候的影响。如果善于借政治东风，就会迅速发展。

俄国的巴库油田是世界重要的产油地，它开发于19世纪。在巴库油田的开发过程中，各种商业方面的竞争层出不穷。

19世纪80年代，在巴库的各大石油公司展开激烈角逐，一些实力雄厚的新兴石油公司试图独霸这片广阔油田的开采，便对一些老牌石油公司发起了猛烈进攻。有一家由瑞典两兄弟经营的石油公司在这场角逐中面临破产的威胁。

为了挽回败局，这家瑞典公司急需一笔资金，以扩大生产，渡过难关。但是，该公司实力有限，可供借贷款时作为抵押的只有石油的钻井和石油的股票，而这些东西的价值又不稳定，难以得到大银行的信任。如何才能得到一笔贷款，就成为公司生死存亡的首要问题。

当时的欧洲，国际关系错综复杂。1870年，普法战争以后德国统一，法国战败，但战败后的法国始终力图恢复其欧洲大陆的强国地位，夺回被德国占领的土地并向德国复仇。于是，欧洲大陆的另一强国俄国便成了德、法两国争夺的目标。德国著名的"铁血宰相"俾斯麦试图拉拢俄国，以避免俄国同法国结盟，使德国处于被攻的境况。如何改善德俄关系成了德国外交上的重点。瑞典两兄弟经过分析认识到，德国为了表示对俄国的亲善，极可能向一家俄国所管辖的公司贷款，要是能得到德国这个大国的贷款，则意味着公司起死回生有望。在正确分析了形势以后，瑞典两兄弟便开始积极行动。首先，他们去德国找到一个议会里的朋友，

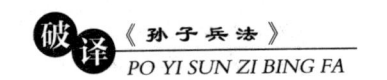

表明了希望获得德国财政支持的意图。这位议员在得到重酬以后，表示一定在俾斯麦面前进言。不久，这位议员便向俾斯麦转告了这一事情，果然不出所料，俾斯麦对这件事情十分重视。

尽管向这家近乎破产的公司贷款会有财政上的风险，但如果通过此事能使俄国皇帝领会德国的友善和亲近并改变对德、法的政策，将是有利于德国安全的大事。何况以德国的实力，承担一家公司所需的资金不过九牛一毛。

于是，在一个适当的时机，俾斯麦以宰相之尊亲自出面，暗示德国的银行给予那家瑞典公司以方便。银行得到宰相暗示后心领神会，竭尽全力讨宰相欢心。在这一系列工作都已完成以后，瑞典兄弟便正式向德国银行提出了贷款申请。很快他们便轻而易举地得到了一大笔优惠贷款。有了这笔资金，这家瑞典公司就很顺利地渡过了难关。

瑞典公司巧借东风，顺利过关。

小名片大效用

为了树立自己成功的社交形象，借助一些道具是很有必要的。巧妙地借用道具，有助于成功。

若说名片是一个人人格的象征，这未免太过于严肃，但大家都知道名片是向别人介绍自己的一个有力道具。

任职于某大保险公司业务部的K君，是一位年轻有为的业务员，其优异的业绩是大家有目共睹的。他的上司也很认同他的能力和才华，因此当外地有艰难的任务时，经常会派遣 K 君出马洽谈。在这种情况下，K 君自然常有机会和公司的领导一起出现在重要的场合。

某日，K 君陪着公司的业务经理前往某公司洽谈年度契约事宜。当他们到达对方公司后，业务经理毕恭毕敬地递上自己的名片，K 君也跟着递上名片。K 君的名片上印着"代理商组长 K"，而 K 君只是公司普通的业务员。

"噫！"经理的眼中闪过一道光芒，但身经百战的他立刻若无其事地切入正题。在回公司的车内，经理说："业务员有时候就是要有这种智慧！"

当然，公司并没有所谓"代理商组长"这个头衔，而经理不但没有责怪 K 君，反而说业务员"有时候"就要有这样的智慧。

要提升业绩，有时候必须自抬身价。由于 K 君平日的表现让大家认同他是一个谦虚有礼而积极的人，他这么做完全是为了工作需要，而非为了个人沽名钓誉。有些时候，在名片中适当地安插几种头衔，会使别人更加注意你，从而也就重视你所在的单位。

在现今的社交场合中，交换名片已经是一种礼貌。在重要的场合中以"用完了"或"忘了带"来解释的人可说是最失礼的人。没有名片也可说是第一步就失败了。因为这说明：

（1）自己的职业、身份不重要。

（2）不把对方看在眼里。一般而言，那些不具有说明自己身份、地位的名片的人，往往会给人一种冷漠、粗心、轻率的感觉，名片有时候也足以代表你的一切。

即使是身为自由作家没有印制名片,也可以用手写的方式把自己的姓名、地址、联络电话写在小纸卡上。其实手写的名片才是最高级的名片,只是不要随便找张薄而便宜的纸片。

一张小小的名片,简明扼要地介绍了他的主人小 K,真正地实现了"名片"的作用。

没有翅膀 "飞鸽"也能飞出国门

在中国这样一个自行车王国里,天津的"飞鸽"自行车是有着 40 多年历史的名优品牌。它曾名扬海内外,"飞"及世界 70 多个国家。但在 20 世纪 90 年代之前,它一直未能进入美国这个年进口上千万辆自行车的大市场。

对于天津自行车厂来说,"飞鸽"如果能进入美国市场,其在国际上的影响将会更大。那么,如何才能使"飞鸽"打进美国市场呢?尽管你是名优品牌,但美国的公民并不认知你,即使你送上门,他们也不一定会接受。

因此,首要的问题应该是让美国公民认识和了解"飞鸽"。那么又该如何来做呢?当然是要宣传。而怎样的宣传才更有效呢?

1989 年,他们听说新任美国总统布什将来中国访问,国内各媒体也都介绍了布什的有关情况,其中有一条消息引起了飞鸽自行车厂家的极大兴趣。消息说:1974 年,布什曾任美国驻北京联络处主任,在京任职期间,布什夫妇十分喜欢骑着自行车游览北京各处的景观,被人们称为"自行车大使"。看了这条信息，飞鸽厂的人立即想到，如果能让布什骑上飞鸽自行车出现在人们面前，那么其广告效应将一定会是很轰动的。于是，他们便开始积极策划实现这一创意的途径。

首先，他们把这一创意思路向国务院的有关部门进行请示，基本上得到上级的同意。接着，他们便开始精心制作赠品。

不久，他们便将QF83型白绿过渡色男车和QF84型红白过渡色女车制作完成，并派专人送往北京，将其作为国礼送给布什夫妇。

1992年2月，布什来华访问。在北京钓鱼台国宾馆，这两辆自行车被送给了布什夫妇。布什夫妇十分高兴，并马上骑上它们在周围转了几圈，让记者为他们拍了几张照片。自行车被带回美国，随行记者也把这些消息陆续发回国内，在美国的各类媒体上得到广泛传播。美国的许多公民看到自己的总统骑的是中国自行车，感到既新鲜又好奇。他们认为这种自行车一定不错，一定会流行起来。

于是，美国商家也都纷纷来中国要求订货。这样，中国天津的"飞鸽"借布什访华之风"飞"向了美国。而且由于它物美价廉受到了美国公民的青睐，"飞鸽"终于在美国自行车市场上占有了一席之地。

"飞鸽"没有翅膀，终于凭借布什访华的"东风"飞遍美国。

巧打广告　胡文虎名扬东南亚

任何事物的发展都需要一定的凭借。胡文虎事业的发展也不例外。

1882年1月16日,"万金油大王"胡文虎在缅甸仰光降生了。

胡文虎的父亲胡子钦,是福建省永定人,年轻时因为清贫,在1861年孤身下南洋,来到仰光,行医为生。因为南洋气候炎热,阳光强烈,当地居民容易头晕、中暑,而胡子钦从国内带来的一种中药成药"玉树神散",清凉解暑的效果相当好,很受人们欢迎。他逐渐积累起一点资金后,就在当地一条偏僻的街道上买了房子,开设了一家永安堂药铺。由于胡子钦精于医术,为人善良忠厚,当地人有了病都愿意到他这里来治疗,永安堂的生意一天比一天好。

1908年,胡子钦因病去世,由此药店也失去了支撑。虽然胡文虎和弟弟辛辛苦苦操劳,但永安堂药店的生意还是一天比一天差。为了生计,胡文虎只得肩挑药担走街串巷叫卖。但还是收效甚微,眼看药铺面临破产倒闭的命运。

性格坚毅的胡文虎不甘心就这样失败,他一心想为事业的发展找到新的突破口。有一天,他在地上看到一个装仁丹的药袋,忽然灵光一闪:日本生产的仁丹治疗中暑的效果比较好,又便于携带,所以一直很受市场青睐,永安堂要想发展,就必须创制出像仁丹这样受欢迎的药品来。

胡文虎急忙回家,把自己的想法告诉母亲。可是母亲却没有点头。她深深懂得创制一种新药不是那么简单的事情,并且,永安堂的经济状况,也经不起再一次失败了。胡文虎耐心地向母亲说明:现在永安堂的生意已经别无他路,坐吃山空总不是办法,只有背水一战闯出一条新路来,才有可能让永安堂绝处逢生!胡文虎终于说服了母亲。母亲取出了父亲一辈子的微薄积蓄。

胡文虎含泪接过这沉甸甸的钱，开始了他传奇般的创业历程。

他先到香港进了一批货，让永安堂能维持一线生机；接着便到泰国、日本等地了解药品经营的行情，学习药品制造技术。经过考察，胡文虎不但掌握了一定的制药技术，而且注意到，中国和东南亚各国生活水平不高，西药虽然便于携带，价格却贵得多，不是一般老百姓所能用得起的。

据此，胡文虎决定了自己的选择方向——他要研制出一种对治疗暑热病有独特疗效而又价格便宜、携带方便的中药！

1910年，胡文虎回到仰光。经过紧张筹备，他和弟弟在父亲"玉树神散"的基础上，增加了山苍子、樟脑、薄荷等中药原料，吸收祖国药品传统的膏、丹、丸、散的优点，采用科学的方法进行研究，经过3个多月的呕心沥血，终于创制出一种新药。这种新药外用内服均可，既能治感冒、头痛、鼻塞，又能治晕车、晕船，几乎可说是一种"万能"良药。由于多日的劳累，胡文虎自己也觉得头晕目眩，他想这正好可以试试新药的效果，就从药罐中挑出一些抹在额头上。片刻之后，他的病痛便无影无踪，浑身舒适。胡文虎高兴得跳了起来，连忙去告诉母亲。饱经沧桑的母亲，竟流下了激动的热泪。

胡文虎为这种药取名为"万金油"，并取商标为"虎牌"。

胡文虎到当地政府办理过注册手续后，就开始批量生产"虎牌万金油"，并且把永安堂药铺改名为"永安堂虎豹行"。

然而，再好的新事物，开始总是难以被人们接受，万金油的命运也是这样。胡文虎每天提着装满万金油的箱子，到同乡开的药店上门推销。可是大家根本不相信万金油会有那样好的疗效，都不肯买。胡文虎跑得

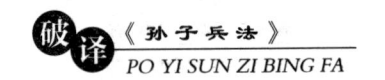

疲惫不堪。

那时缅甸正逢盛夏，许多穷人患了热病没钱医治，只能买日本的仁丹服用。万金油的疗效绝不比仁丹差，为什么人家只买仁丹而不买万金油呢？当真是中国货不如日本货？胡文虎猛然想到满街张贴的仁丹广告，忽然顿悟，"酒好也怕巷子深"。你不作宣传，人家怎么会知道万金油的好处呢？！他马上采取对策，一方面，让胡文豹拿出一些万金油，免费赠送给无钱买药的穷苦人；另一方面，他从十分有限的资金中，抽出钱来，印制了一批介绍万金油功效的广告，亲自到新加坡、马来西亚等地去宣传。

免费用万金油治好了病的穷人，都成了虎牌万金油的义务宣传员；再加上广告的作用，万金油果然赢得了人们的普遍青睐。

永安堂虎豹行的生意一天比一天红火起来了。

胡文虎没有裹足不前。他的雄心越来越大，视野越来越广。为了进一步发展永安堂的事业，1923年，他留弟弟胡文豹主持仰光的业务，自己到新加坡去筹建永安堂虎豹行的总行。同时，他又重金聘请专门人才，搜集古代药方进行研究，开发出了"八卦丹"、"头痛粉"、"清快水"等新药。

胡文虎接受了创业之初不重视广告导致销售困难的教训，自始至终将广告宣传放在重要地位。每年花大量资金用在广告宣传上，而且挖空心思，设计引人注目的广告。万金油的小铁盒上，印的是一头威风八面的老虎，说明书上则印着胡文虎的肖像——西装革履，浓眉大眼，神态庄严。让人在使用万金油时，就会想起虎牌良药和它的生产者胡文虎。

第十二篇 火攻篇
——施展出各种猛招

每年春节，他都派人在街头路口悬挂大量灯笼，灯笼上一边画着老虎，一边写着"永安堂"，加深人们对永安堂和虎牌药的印象。后来，他又到处张贴广告，重金征求日历画稿，应征的人非常踊跃，画稿不断地如雪片般飞来。其中有一幅画着一位绝色美女，手攀一只老虎的脖子，人虎相依微笑，栩栩如生。胡文虎一眼看见，对这幅画的新奇构思大为赞叹，当即以高价买下这幅画，把它作为日历的封面。这年的日历印成后，胡文虎广为赠送，引起各界人士的强烈反响。连英国驻新加坡总督夫人见了，也连声叫好，还说："胡文虎真是个天才的商人！既然他的广告都离不开老虎，他为什么不定做一辆老虎式的轿车呢？"

这话很快传到了胡文虎的耳中，他觉得这是一个很好的主意。于是不惜重金让汽车厂给他特制了一辆车头装饰成老虎头的轿车，把车灯做成老虎眼睛，还把汽车喇叭声做得像老虎的嗥叫。这辆老虎车在街上行驶，知情的人就会想到胡文虎和他的虎牌药，不知情的人也会向别人打听这辆怪车的由来，回去后还会对别人说起这老虎车，无形中就为胡文虎做了广告。

1932年，胡文虎把永安堂虎豹行总行由新加坡迁到香港，在广州、汕头建立制药厂，又先后在福州、厦门、上海、天津、桂林、昆明、重庆、汉口、梧州等地及菲律宾、马来西亚、越南、印度尼西亚等国设立分行，在欧美一些大城市也设立了特约经理部。虎牌万金油、头痛粉、八卦丹、清快水等药在国内和东南亚已成为家喻户晓、人人必备的"灵丹妙药"。

胡文虎、胡文豹兄弟终于实现了父亲的遗愿，成了东南亚华侨中的

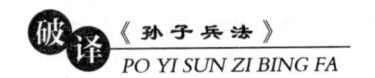

大富豪。

胡文虎凭借广告，宣传自己的新药，并成功地把它推向市场，最终所开药行遍及全世界。

第十三篇

用间篇

——反戈一击惊人心

离散人心，就能拆散一伙人。反间与用间是多种兵法的一部分。不管你在什么时候，都要知人之心，用能用之人，不可粗心大意，否则你就会被彻底利用，甚至成为牺牲品。此为《孙子兵法》"用间篇"之精髓。

破译《孙子兵法》
PO YI SUN ZI BING FA

本篇导引

本篇主要介绍了使用间谍的意义、间谍的种类及作用。

使用间谍的意义：明君贤将，所以动而胜人，成功出于众者，先知也。先知者不可取于鬼神，不可象于事，不可验于度，必取于人，知敌之情者也。

间谍的种类有：因间、内间、反间、死间、生间五种。

间谍的作用：五间俱起，莫知其道，是谓神纪，人君之宝也。

本篇主题词：以上智为间者、必成大功

智慧之源

孙子曰：凡兴师十万，出征千里，百姓之费，公家之奉，日费千金。内外骚动，怠于道路，不得操事者，七十万家。相守数年，以争一日之胜，而爱爵禄百金，不知敌之情者，不仁之至也，非人之将也，非主之佐也，非胜之主也。故明君贤将，所以动而胜人，成功出于众者，先知也。先知者，不可取于鬼神，不可象于事，不可验于度，必取于人，知敌之情者也。

故用间有五：有因间，有内间，有反间，有死间，有生间。五间俱起，莫知其道，是谓神纪，人君之宝也。因间者，因其乡人而用之。内间者，因其官人而用之。反间者，因其敌间而用之。死间者，为诳事于外，令

第十三篇 用间篇
——反戈一击惊人心

吾间知之，而传于敌间也。生间者，反报也。

故三军之事，莫亲于间，赏莫厚于间，事莫密于间。非圣智不能用间，非仁义不能使间，非微妙不能得间之实。微哉微哉！无所不用间也。间事未发，而先闻者，间与所告者皆死。

凡军之所欲击，城之所欲攻，人之所欲杀，必先知其守将、左右、谒者、门者、舍人之姓名，令吾间必索知之。必索敌人之间来间我者，因而利之，导而舍之，故反间可得而用也。因是而知之，故乡间、内间可得而使也。因是而知之，故死间为诳事，可使告敌。因是而知之，故生间可使如期。五间之事，主必知之，知之必在于反间，故反间不可不厚也。

昔殷之兴也，伊挚在夏；周之兴也，吕牙在殷。故惟明君贤将，能以上智为间者，必成大功。此兵之要，三军之所恃而动也。

经典诠释

孙子说，凡兴兵十万，征战千里，百姓的耗费，公室的开支，每天都要花费千金，前方后方动乱不安，民夫疲惫地在路上奔波，不能从事正常耕作生产的，多达七十万家。这样相持数年，就是为了决胜于一旦。如果吝惜爵禄和金钱，不肯重用间谍，以致因为不能掌握敌情而导致失败，那就是不仁慈到了极点了，这种人不配做军队的统帅，称不上是国家的辅佐，也不是胜利的主宰者。所以，英明的君主和贤良的将帅，他们之所以一出兵就能战胜敌人，功业超越普通人，就在于能够预先掌握敌情。要事先了解敌情，不可用求神问鬼的方式来获取；不可拿相似的

163

事情作类比推测来得到；不可用日月星辰运行的位置去作验证。一定要取之于人，从那些熟悉敌情的人口中去获取。

间谍的运用方式有五种，即因间、内间、反间、死间、生间。这五种间谍同时使用起来，使敌人无从捉摸我用间的规律，这就是使用间谍的神妙莫测的方法，也正是国君克敌制胜的法宝。所谓因间，是指利用敌人的同乡做间谍。所谓内间，就是利用敌方的官吏做间谍。所谓反间，即是利用敌方间谍为我所用。所谓死间，是指故意制造散布假情报，通过我方间谍将假情报传给敌间，诱使敌人上当受骗，一旦真情败露，我间就难免一死。所谓生间，就是侦察后能活着回来报告敌情的人。

所以在军队中，没有比间谍更为可亲信的人；给的奖赏，没有比间谍更为优厚的；没有什么比间谍之事更为秘密的了。不是才智超群的人不能使用间谍；不是仁慈慷慨的人不能指使间谍；不是谋虑精细的人不能分辨证实间谍提供的情报。微妙啊，微妙！无时无处不在使用间谍！间谍的工作还未开展，而秘密却已露出去了的，那么间谍和了解内情的人都要处死。

凡是要准备攻打的敌方军队，要准备攻占的敌方城池，要准备刺杀的敌方人员，都须预先了解其主管将领、左右亲信、负责传达的官员、守门官吏和门客幕僚的姓名，指令我方间谍一定要将这些情况侦察清楚。

一定要搜查出敌方派来侦察我方军情的间谍，从而用重金收买他，引诱开导他，然后再放他回去。这样，反间就可以为我所用了。通过反间了解敌情，这样，乡间、内间也就可以利用起来了。通过反间了解敌情，这样，就可以使死间传播假情报给敌人了。通过反间了解敌情，这样就能使生间按预定时间返回报告敌情了。五种间谍的使用，国君都必须了解掌握。了解情况的关键在于使用反间，所以对于反间不可不给予优厚的待遇。

从前殷商的兴起，在于重用了在夏朝为臣的伊尹，他熟悉并了解夏朝的情况；周朝的兴起，是由于周武王重用了了解商朝情况的吕牙。所以，明智的国君，贤能的将帅，能够任用智慧高超的人充当间谍，就一定能建树大功。这是用兵上的关键步骤，整个军队都要依靠间谍所提供的敌情，决定军事行动。

现代释用

在现代社会中，有关"间"，可以解释为情报信息及对情报信息的利用。善于利用情报信息，必将成功。所以《孙子兵法》说："故明君贤将，所以动而胜人，成功出于众者，先知也。"

掌握准确的情报信息，一方面，可以趋利避害；一方面，又可以一发而就。取得和传播新的信息已经成为经济乃至全社会发展的动力，通过对大量情报信息的综合分析摸清市场变化的规律和动向，在"扬长避短"的方针指导下，制定出相应的市场营销措施，必将为企业的发展打开方便之门。

以假乱真　王允激吕布

施展反间计的关键是"以假乱真"，只有造假造得巧妙，造得逼真，才会使敌人上当受骗，出现错误。

东汉末年，宫廷发生宦官与外戚大火并，西京太守董卓乘机率领士兵闯进京来，废掉了少帝刘辩，另立9岁的刘协为帝。

自此，董卓就在长安自称太师，汉献帝还要称他"尚父"，其权势之大，不言而知。朝中文武官员谁要是说话不小心，触犯了他，就要丢了脑袋。朝臣们由于自己的生命朝不保夕，无不对董卓恨之入骨，不少人恨不得暗暗地杀掉他。

有个大臣叫王允，见董卓如此的骄横跋扈，滥施杀戮，而且还有篡位之野心，日夜忧心如焚。

有一晚，王允策杖入后园，想起国事，不禁仰天叹息，暗垂老泪。忽闻牡丹亭畔有人长叹，其声如莺之戚鸣，便前去看个究竟，原来是府中的一名叫貂蝉的歌妓。她从小选入府中，教以歌舞，年纪刚满16岁，色艺俱佳，王允以亲女看待。今见她如此对月嗟叹，以为少女怀春，喝道："小贱人，是不是有私情？为何深夜长叹？"

貂蝉即跪下答："贱妾怎敢有私情，不过近来见大人终日愁眉不展，忧心忡忡，不知所为何事，又不敢动问。刚才又见大人仰天长叹，故妾亦因大人嗟叹而嗟叹！"

王允看立在他跟前的貂蝉貌若天仙，忽地灵机一动，计上心来，手中杖子击地脱口而说："汉家天下成败，全在你手中了！"

貂蝉听了不由一愣，说："大人何出此言？"

王允试探地问："有个重任想授与你，不知你肯不肯去完成？"

貂蝉不假思索答道："妾蒙大人提携，以亲女相待，此恩虽粉身碎骨亦难报于万一，若有用妾之处，万死不辞！"

第十三篇 用间篇
——反戈一击惊人心

"好,不愧为奇女子!跟我到阁中去。"王允说着就急先走进花阁中来。

貂蝉跟王允到了阁中,王允把闲人一概遣出门外,扶貂蝉上坐,纳头便拜。貂蝉大惊,急伏地恳问:"大人怎么这般!"王允泪流满面说:"你要可怜汉朝江山和老百姓!"

"我不是说过吗?如有用妾之处,万死不辞!"貂蝉重复说一遍,跟着亦掉下泪来。

王允说:"今百姓有倒悬之苦,君臣有垒卵之虞,非你则无法拯救。想你亦清楚,贼臣董卓,把持朝政,将欲篡位,朝中文武,无计可施。董贼有一义子吕布,骁勇非常。我看此二人皆是好色之徒,今欲使用美人计,以你为饵,好从中行事,务要使他们翻脸,叫吕布杀了董卓,这样便可以挽救江山,未知你意下如何?"

貂蝉答:"妾既许大人万死不辞了,永不后悔,若不达成任务,即大义不报,愿死于万刃之下!"

王允大喜,再深深向貂蝉一拜。

此后,王允便有意识拉拢董卓身边的吕布,常常请吕布到家中饮酒聊天,日子久了,吕布觉得王允待他好,感情就渐渐接近了。有一天,吕布又在王府饮宴,酒至半酣,王允命叫"女儿"出来敬酒。

侍婢扶貂蝉出来,吕布色眼一见,惊为天人,问是谁?王允答是小女貂蝉,如今将军与我相处如一家人,故教与将军相见。貂蝉此时打扮得如天仙一样,分外娇艳,并使出浑身解数,献酒献媚,与吕布眉目传情。弄得吕布心飞神荡,很想一手把她搂进怀中。

此时王允诈醉指着貂蝉说:"女儿,将军是当世英雄,你就再与将

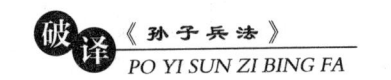

军把盏，多敬将军几杯吧！"

貂蝉乃坐在王允旁边，与吕布打照面，吕布目不转睛地看，入口的是酒，下肚的是醋，此时恨不得把貂蝉整个吞下。

一会儿，王允瞪着醉眼，又指着貂蝉对吕布说："将军，你是我最崇拜的英雄，也是最好的朋友。今有一言，冒昧说出，我想将小女送与将军，来个亲上加亲，不知将军肯赏脸否？"

吕布喜出望外，即刻离座作揖拜谢："若得如此，布当效犬马之劳。"随即吧嗒一声跪下："岳父大人在上，请受愚婿一拜。"

王允答礼，亲自扶起吕布道："待我选个吉日良辰，便送小女到府上。"吕布欢喜无限，偷眼看看未婚妻，貂蝉亦秋波送情，把吕布撩拨得如醉如痴。

席散了，王允对吕布说，本欲留将军住宿，又怕董太师见疑，亦不敢强留了。吕布才拜谢回去。

过了几天，王允在朝堂上见了董卓，趁吕布不在，伏地拜请："允欲请太师明天到舍下饮杯酒，未知意下如何？"董卓见司徒相请，慨然允诺。

次日中午，董卓带了百多名侍卫到了王府，簇拥入堂。王允让侍卫在堂下分立两旁，然后对董卓极尽巴结，把董卓请入后堂。后堂又另一番风光，侍酒的全是美女，或唱或舞，董卓本是个见"色"眼开的人，两眼盯在美人群中，目不暇接。

忽然珠帘一启，众女簇拥出一位绝色美人来，向董卓深深一拜，嫣然一笑悄悄送来一个媚眼，逗得董卓如中风一样浑身不能动弹，急问："此女是何人？"王允答："歌妓貂蝉。"说罢便叫貂蝉展玉喉，歌唱一曲，

第十三篇 用间篇
——反戈一击惊人心

董卓听后连声称妙。

貂蝉唱罢歌儿向董卓敬酒时，董卓细声问："你今年几岁了？"貂蝉答："贱妾年正16岁。"董卓抚须大笑："如此美艳，真神仙中人也。"王允乘机说："允欲将此女献与太师，未知肯纳否？"董卓恨不得如此，即答："如此见惠，何以报答？"王允说："说什么报答。太师肯接纳此女，就是给老夫面子了！"王允立即命人备车，先将貂蝉送到太师府去。董卓哪里还坐得住，吃得下，连忙起身告辞。王允又亲送董卓直到相府才辞回。

王允乘马走到半路，正碰着吕布迎面而来。吕布怒冲冲地一把揪住王允，厉声问："司徒既以貂蝉许配于我，今天又为何送与太师，是否拿我开玩笑？"王允急止住他说："这不是说话的地方，请到寒舍去。"

吕布跟王允到家，进入后堂。王允问："将军何故怪责老夫？"吕布说："有人报告说你把貂蝉送入了相府，究竟是何缘故？"王允答："将军，你错怪老夫了。今日太师到来，他对我说，听说我把貂蝉许给你，要我趁良辰吉日把小女送去与你成亲。太师之命老夫怎敢违之。"

吕布听了，登时谢罪，说一时鲁莽，错怪了丈人，改天再登门请罪，便匆匆回府去了。

次日，吕布正准备小登科了，但打听了一下，全无消息。走进中堂去问诸侍妾，侍妾却说："昨夜太师与新人貂蝉共寝，至今尚未起床呢！"

吕布大怒，潜入后房窥探。见貂蝉正起身在窗下梳头，她见了吕布正在张望，便故意把眉头一锁，装出忧愁样子，且掏出手帕抹眼泪。一会儿，吕布出去了，顷刻又入，那时董卓已坐在中堂吃早餐了，见了吕布就问："外面没发生什么事？"吕布随便答道："没有！"即侍立董卓旁

169

边,偷眼向帘内张望,见貂蝉在帘内若隐若现的,露出半脸,向吕布眉目送情,弄得他魂不守舍。董卓见此情景,心中疑惑,挥手叫吕布出去。

董卓自从宠爱貂蝉之后,为色所迷,月余不出理事。董卓偶得小病,貂蝉衣不解带地服侍左右,董卓更加欢喜。

有一天,吕布入内向董卓问安,董卓正在午睡,貂蝉在床后探出头来望吕布,以手指心,又指指董卓,不停地抹眼泪。吕布见状,正满怀悲恨难言,适董卓睁开双眼,见床前站着吕布,目不转睛地望着床后的貂蝉,即叱骂曰:"畜生!你想调戏我爱姬!"唤左右将吕布赶出,今后不准入堂。吕布怒恨而归。

后董卓后悔,急赏赐吕布金帛并好言安慰。此时吕布虽身在董卓左右,心实贴在貂蝉身上了。

某日董卓上朝议事,吕布执戟相随。在董卓与汉献帝谈话的时候,吕布乘机出门,上马回相府,寻着貂蝉。貂蝉说此地谈话不便,叫他先到后园的凤仪亭去等待。

吕布等了一会儿,方见貂蝉翩翩而来。一见面,貂蝉即泣告吕布:"我虽非王司徒亲女,但自许配将军,觉已偿平生之愿。谁知太师存心不良,将我奸污了,我恨不早死,只因未见将军一面,故含垢忍辱。今幸见了将军,死亦无憾了。我身已被污,不得再侍奉英雄,愿死在君前,以明我志。"说罢即手攀曲栏,向荷池便跳。吕布慌忙将她抱住,亦泣曰:"我知你心很久了,只恨没有机会接近。"貂蝉挣扎,扯住吕布的衣袖说:"我今生不能嫁你,只愿来世。"吕布答:"我今生不能以你为妻,非英雄也。"貂蝉又说:"我已度日如年,望你及早把我救出去。"

吕布忽然想起,迟疑一会儿,对貂蝉说:"我是偷空出来的,来久了老贼见疑，还是赶快回去好。"貂蝉忙把他的衣袍牵住说："你如此怕老贼，我永无重见天日机会了。"吕布答："慢慢想办法吧！"说完提戟欲去。

貂蝉自怨自艾说："我在深闺就闻你之名，以为是当今大英雄，谁知反受人制，胆小如鼠。"

说得吕布满脸羞惭，欲行又止，即放下戟，回身把貂蝉抱住，顿用好言相慰。两人于是偎偎倚倚、喁喁细语，难舍难离。

却说董卓和献帝在殿上谈话时，回头却不见了吕布，心下怀疑，即辞别献帝，登车回府，见吕布的马系于府前，问门吏，答温侯入后堂去了。

董卓心知有异，喝退左右，单独迳入后堂去，寻人不见，唤貂蝉亦不见，急问侍妾，答曰貂蝉在后园看花。

董卓步入后园，不看犹可，一见吕布和貂蝉两人肩搭肩地并排坐，浅谈低斟，戟却放在一旁，登时无名火起，大喝一声。吕布一惊，回身便走。董卓抢到戟，挺着追赶。吕布走得快，董卓肥胖赶不上，将戟向吕布一掷，吕布把戟拨落在地。董卓抢戟再赶，吕布却已走出后园了。

董卓一路赶来，忽一人飞奔前来，和董卓一撞，把董卓撞倒，这莽夫原来是谋士李儒。

李儒扶起董卓回书院坐下，董卓问他来做什么？李儒说："适至相府，听说太师盛怒入后园，找寻吕布，因赶步入来，正遇吕布奔出，说太师要杀他。故我赶来劝解，不意误撞恩相，死罪死罪。"

董卓气呼呼说："此小子居然敢调戏我的爱姬，誓必杀死他！"

李儒连忙说："恩相差矣，从前楚庄王的绝缨会上，不追究调戏爱

171

姬的唐狡，后被秦兵围困时，得唐狡死力相救，才免于难。今貂蝉不外一名歌妓而已，吕布又是太师的心腹猛将，不如乘此机会把貂蝉赐给他，他必知恩报德，死心追随太师了，还请太师三思！"

这番话说得董卓心动，沉思良久，说："你言亦是，待我考虑一下。"

李儒辞出，董卓即入后堂，责问貂蝉为何与吕布私通？貂蝉泣诉："妾在后园看花，吕布突至，妾方惊避，他竟说我是太师之子，何必相避呢？随提戟赶妾至凤仪亭。妾见其居心不良，怕为所辱，想投河自尽，却被这厮抱住，正在生死关头，幸得太师赶至，才救了性命。"

董卓才消了气，安慰一番，问貂蝉："我想将你赐给吕布，你看怎样！"

貂蝉大惊，哭着说："妾身已属贵人，奈何要下赐家奴？妾宁肯死也不从！"顺手拿了墙上的宝剑要自刎。董卓慌忙夺剑，把她抱住说："我和你开个玩笑，何必认真！"貂蝉即倒在董卓怀里，掩面大哭起来，骂道："此必李儒之计，他与吕布相好，故设此计，不顾太师体面和贱妾性命，妾当生啖其肉。"

董卓徐徐说："我怎忍舍弃你。"貂蝉说："虽然太师怜爱，但此处不宜久居，怕早晚为吕布所害。"董卓说："我明天带你回坞去，离开这里就不怕被暗算了。"貂蝉才收泪拜谢。

次日，李儒入见董卓，说："今日良辰，可将貂蝉赐与吕布。"

董卓答："吕布是我儿子，怎可以赐给，你传我意，我不追究过去就是了。"

李儒说："请太师留意，不可为女人所惑。"

董卓即变色答："你肯把老婆送与吕布否！貂蝉之事，再勿多言，言则必斩。"李儒于是惶恐出去。

董卓带貂蝉回坞之时，百官俱来拜送，貂蝉在车中遥见吕布站在人群中，呆眼望着自己，便作掩面哭泣状，令吕布如痴如醉，叹息痛恨。

忽然背后一人问："温侯为何不跟太师去？还在遥望叹息？"

吕布回头一看，原来是司徒王允。两人相见后，王允就说："老夫近日身体不适，闭门不出，故久未与将军见面，今太师归坞，只得抱病来送行，刚好又得见将军，请问将军为何在此长嗟短叹呢？"

吕布答："还是为了你的女儿貂蝉！"

王允佯惊，问："这么久未把小女给将军？"

吕布怒冲冲答："老贼自己宠幸久了。"

王允急了，再问："真有此事？那太过了，太过了！"

吕布便将前事一一告诉王允，王允半晌不语，过一会儿才说："想不到太师竟有此乱伦之行，简直禽兽不如，不如禽兽！"说完拉着吕布的手说："且到寒舍商量商量。"

两人进入王允的密室里，置酒相待，吕布再复述一遍凤仪亭之事。王允作出无可奈何样子，徐徐地说："这样看来，太师已淫我之女夺将军之妻，确太丢脸了，人们耻笑的不是太师，实笑将军与我老夫。但老夫已年迈了，不足为道，只可惜将军盖世英雄，亦受此污辱……"

话犹未了，吕布即怒气冲天，拍案大叫起来。王允急忙劝止："老夫失言，将军请息怒。"

吕布更加大声，暴跳起来说："誓杀此老贼，雪吾心头之恨。"

王允急掩吕布口说："将军勿言，恐累及老夫。"

吕布说："大丈夫生于天地间，岂能郁郁久居人下？"

王允说:"说的也是,以将军之才,诚非董太师所能限制的。"

吕布忽又沉下气来,自言自语说:"我杀此老贼,诚易如反掌,无奈我是他的儿子,以子杀父,怕被人议论。"

王允微笑说:"将军自姓吕,太师自姓董,掷戟之时,岂有父子之情!"

吕布豁然开怀说:"非司徒提起,几乎自误,吾意已决。不杀此老贼誓不为人!"

王允见吕布意志坚决了,乃言及董卓夺权篡国阴谋,晓谕建功立业大事,说得吕布频频点头。再歃血盟誓,同心协力为国除奸。

一天,恰好汉献帝生了一场病刚刚痊愈,在未央宫会见大臣。董卓上朝时,为了提防人家暗算,在朝服里穿上铁甲。在乘车进宫的大路两旁,派卫兵密密麻麻排成一条夹道。他还叫吕布带着长戟在他身后保卫着。经过这样安排,他认为万无一失了。

他哪儿知道王允和吕布早已商量好了。吕布约了几个心腹勇士扮作卫士混在队伍里,专门在宫门口守着。董卓座车一进宫门就有人拿起戟向董卓的胸口刺去。但是戟扎在董卓胸前铁甲上,刺不进去。

董卓用胳膊一挡,被戟刺伤了手臂。他忍着痛跳下车,叫着说:"吕布在哪儿?"

吕布从车后站出来,说:"奉皇上诏书,讨伐贼臣董卓!"

董卓见他的干儿子背叛了他,就骂着说:"狗奴才,你敢……"

他的话还没说完,吕布已经举起长戟,一下子戳穿了董卓的喉头。兵士们拥上去,把董卓的头砍了下来。

汉朝文武大臣见董卓被杀,无不欢呼雀跃。长安的百姓受尽了董卓的残酷压迫,听到除了奸贼,成群结队跑到大街上唱着、跳着。许多人还把自己家里的衣服首饰变卖了,换了酒肉带回家大吃一顿,庆祝一番。

王允虽然用"美人计"除掉了恶贯满盈的董卓,人心大快,但是百姓的灾难并没有完,王允厄运也由此而生。过了不久,董卓的部将打进长安,杀死王允,赶跑了吕布,长安百姓又一次遭到烧杀抢掠。

范雎施间　秦军巧取长平

周赧王五十五年(公元前260年),秦军大举北进,进攻赵国。老将廉颇率赵兵迎敌,秦、赵两军相持于长平。秦兵虽然勇武善战,怎奈廉颇行军持重,坚筑营垒,等待时机与变化,迟迟不与秦兵决战。这样一来,两军相持近两年,仍难分胜负。秦国君臣将士个个焦躁万分,却又束手无策。秦昭王问计于范雎,说:"廉颇多智,面对秦军强而不轻易出战。秦兵劳师袭远,难以持久,战事如此久拖不决,秦军必将深陷泥淖,无力自拔,为之奈何?"范雎早已清醒地认识到问题的严重性,作为出色的谋略家,他很快找到了问题的症结。他对赵国文臣武将的优劣了如指掌,深知秦军若想速战速决,必须设计除掉廉颇。于是,他沉吟片刻,向昭王献了一条奇妙的反间计。

范雎遣一心腹门客,从便道进入赵国都城邯郸,用千金贿赂赵王左右亲近的人,散布流言道:"秦军最惧怕的是赵将赵奢之子赵括。赵括年轻有为且精通兵法,如若为将,恐难胜之。廉颇老而怯,屡战屡败,现已不敢出战,又为秦兵所迫,不日即降。"

赵王闻之，将信将疑。派人催战，廉颇仍行"坚壁"之谋，不肯出战。赵王对廉颇先前损兵折将本已不满，今派人催战，却又固守不战，不能驱敌于国门之外。于是轻信流言，顿时疑心大起，竟不辨真伪，匆忙拜赵括为上将，赐以黄金彩帛，增调20万精兵，前往代替廉颇。

赵括虽为赵国名将赵奢之子，确也精通兵法，但却只会坐而论道，纸上谈兵，而且骄傲自大。一旦为将，立即东向而朝，威临军吏，致使将士无敢仰视。他还把赵王所赐黄金、财物悉数藏于家中，日日寻思购买便利田宅。

赵括来到长平前线，尽改廉颇往日约束，易置将校，调换防位，一时弄得全军上下人心浮动，紊乱不堪。范雎探知赵国已入圈套，便向昭王奏议，暗派武安君白起为上将军，火速驰往长平，并约令军中："有敢泄露武安君为将者斩！"

这白起是战国时期无与伦比的久经沙场的名将，一向能征惯战，智勇双全。论帅才，赵括远不能与白起相比；论兵力，赵军绝难与秦兵抗衡。范雎之所以秘行其事，目的就是使敌松懈斗志，以期出奇制胜。两军交战，白起佯败，赵括大喜过望，率兵穷追不舍，结果被秦军左右包抄，断了粮草，团团围困于长平。秦昭王闻报，亲自来到长平附近，尽发农家壮丁，分路掠夺赵人粮草，遏绝救兵。赵军陷于重围达46天，粮尽援绝，士兵自相杀戮以取食，惨不忍睹。赵括迫不得已，把全军分为四队，轮番突围，均被秦军乱箭击退，赵括本人也被乱箭射死。

长平一战，秦军获得了空前的胜利，俘虏赵兵40万，除年老年幼者240人放还外，其余全部坑杀。这次战役，秦军先后消灭赵军45万，大大挫败了雄踞北方的赵国的元气，使其从此一蹶不振。战后，秦军乘胜进围赵都邯郸。虽曾有赵国名士毛遂自荐，赴楚征援，又有魏国信陵君窃符救赵，也只能是争一时之生存，无法挽回赵国败亡的厄运。

长平之战，在秦国历史上具有划时代的意义。秦与关东六国的战争，如果说秦惠文王时还处于战略相持阶段的话，至此则进入了战略的反攻阶段。

范雎利用赵王已对廉颇"坚壁"不出战大为不满而出现的"裂缝"，巧施离间计，致使其"缝隙"增大，终于如愿用无能之辈赵括换掉了多智多谋的廉颇，取得了长平之战的胜利。

巧妙造隙　陈平计除范增

在楚汉战争最激烈的时刻，汉王刘邦听从陈平的计策，趁项羽伐齐之际，率领50万大军攻占了项羽的巢穴彭城。进驻彭城之后，刘邦耽于酒色，一味享乐，又自恃兵多，麻痹轻敌，放松戒备；加上汉军号称50万，却多是临时归顺的诸侯军，联盟不牢，军心不齐。项羽听了从彭城逃出来的虞氏兄妹哭诉后，立即命大将龙且和钟离眜带20万人马平定各国，自己带范增、项庄、季布、桓楚、虞子期等大将率精兵回师彭城，杀得汉军猝不及防。联盟解体，汉军死伤20余万，刘邦带着少数残兵落荒逃到荥阳城，结果又被乘胜追击的楚军团团地围在城内达一年之久。刘邦请求献荥阳以西以求和，项羽又不允。面对这危机的形势，刘邦情绪低落，沮丧地对陈平说："天下纷纷扰扰，何时可得安宁？"

陈平见刘邦向自己问计，便胸有成竹地说："主公不必忧虑，眼下情势正在发生变化。只要主公扬长避短，天下顷刻可定。"刘邦欲问其详，陈平道："项王主要依靠范增、钟离昧、龙且和周殷几个人。主公如能舍得几万斤黄金，可施反间计，使他们君臣相互猜疑。项羽本来就好猜忌信谗，必然引起内讧而互相残杀。到那时，我军乘机反攻，势必破楚。"刘邦深以为然，便给陈平4万斤黄金，任其支配。

陈平于是就开始用这笔钱积极在楚军中施行他的反间计。他一面派使者入楚，致书项羽，一面又用重金收买一些楚军将士，让他们四处散布流言蜚语，说范增、钟离昧等大将为项王带兵打仗，功劳很多，却始终得不到项王分封土地给他们，也得不到侯王的爵号，他们心里有怨气，打算同汉军联合起来，去消灭项氏，瓜分项氏的土地而自立为王。

项羽见过汉王的求和书信，自然不肯答应。但对那些流言，却疑心顿生，于是便派使者进城探听虚实。

楚王使者进入荥阳城，陈平带人列队出迎，并把使者请进客厅，摆下丰盛的酒席。陈平假意作陪，殷勤问道："范亚父派贵使前来有何见教？范老先生和钟离将军一切都好吧？他们有书信吗？"楚使者被问得莫名其妙，不知如何回答，只好说："我乃霸王亲遣的使者，如何有范老先生和钟离将军的信札？"陈平听罢，故意皱起眉头说："噢！原来你不是范老先生和钟离将军派来的……"陈平说罢，白了楚使一眼，刷地放下手中的酒杯，站起身大步走了出去。使者看着这一切，心里十分纳闷，正在发愣，进来一些侍从，七手八脚就把满案饭菜撤掉了。一会儿，进来一个侍女给他换上一碗菜汤，一个馒头。楚使者一见，十分恼火，心想，他们把范增、钟离昧看得如此尊贵，而把项王视同草芥，这其中必有奥秘，说不定范增、钟离昧早就和他们串通一气了！

楚使者受到羞辱，不胜其忿，一返回楚营，便把详情一五一十地向项王禀报了。项王听罢顿时大怒，自语道："怪不得近日营中议论纷纷，说亚父和钟离将军私通汉王，心存异志，看来是无风不起浪呀……"项羽起了疑心，对钟离眜渐不信任，对范增也日益疏远。范增是不主张与汉军谈判的，希望楚军能一鼓作气，攻下荥阳，捉住刘邦。他越劝项羽进攻荥阳，项羽就越是怀疑他与刘邦串通一气在耍什么花招。范增非常气愤，请求退隐山林。项羽也不阻拦，竟然准其所请。

范增解甲归田，在回老家居巢（今安徽桐城南）的路上，又气又恼，背生痈疽，一病而死，终年75岁。项羽闻知范增死讯，方知中了反间计，十分懊悔，但为时已晚。一个屡立奇功的唯一谋士，竟被陈平略施小计便除掉了。

疑心生暗鬼，鬼使神差入歧路。项羽为人，性好疑忌，被陈平利用。陈平巧施离间计，就促使其与范增之间的矛盾增大，最后导致他驱除了范增。

苦心设计　丹尼尔巧售奥丽

利用人情关，可以很容易搞到情报，也很容易暴露情报。

一家公司的董事长大卫看到位于纽约市郊的一栋高雅华美的英国古典式大型乡村别墅——奥丽准备出售，有心购买。但他一方面认为200万美元的价格过高，另一方面又怕自己受骗，因此，便雇用了房地产间谍莫利斯去摸底。

莫利斯为了"深入对方,探其虚实",便千方百计地接近奥丽的女仆格丽丝,并从格丽丝的口中得知奥丽的小角落污水外流,粪尿满溢,急需一名管道工。但奥丽的主人丹尼尔性格孤僻,疑心很重,至今未找到合适人选。莫利斯谎称自己是管道工,机警地混过盘查,进入了奥丽。

奥丽金碧辉煌,名不虚传。莫利斯细细地观察着。

格丽丝带着莫利斯到污水处,莫利斯卖力地干活,很快使污水退了下去。但他也吃惊地发现:破损陈旧的管壁明显"薄"了一圈,与上面矗立的豪华的楼房完全不相称。他支走了格丽丝,偷拍了许多照片。

从奥丽出来后,莫利斯又去图书馆查资料,想知道这些地下水管是谁铺设的。

终于,功夫不负有人心,莫利斯查到老丹尼尔——即现今丹尼尔的曾祖父,为了赌气,自己建造了奥丽,而且因此债台高筑,并且在晚上偷偷地铺设管道。一切都真相大白了。

事后,莫利斯将资料与照片一齐交给了大卫,而大卫拿着这些来到了奥丽,见到了丹尼尔。丹尼尔在大卫的"铁证"前低下了头,同意以50万美元的价格出售奥丽。

不久,这次漂亮的"房产间谍战"就被当地的一家报纸长篇累牍地报道了,而大卫和莫利斯均未向外界披露,这是谁干的呢?

就在大卫和莫利斯名声大噪的时候,问题出现了。

当大卫的仆人打扫房间时,从房顶的天花板上掉下来一块烂木头。大卫感觉不好,就叫仆人检查了所有的梁桩、墙面、窗框、地面、门板,发现里面都是腐朽不堪的烂木头。

忽然,他幡然醒悟。为什么丹尼尔性格孤僻,而格丽丝却那么容易接近？这是丹尼尔故意设下的圈套，故意引诱自己上当。而且向报界披露的人肯定也是丹尼尔，这样使大卫和他先出尽风头，再丢尽面子，好让丹尼尔更加出名。

丹尼尔这位冷漠得不合时宜的英格兰后裔，用他出色的"反谍战"，冲淡了祖上不明智的一举，真是高超的妙计。

丹尼尔巧妙地利用仆人格丽丝散布假信息，从而很快将奥丽出手，着实狠捞了一笔。